UN ÉPISODE

DE L'INVASION DE 1870

A PROVINS.

EMILE BOURQUELOT

UN ÉPISODE DE L'INVASION DE 1870 A PROVINS.

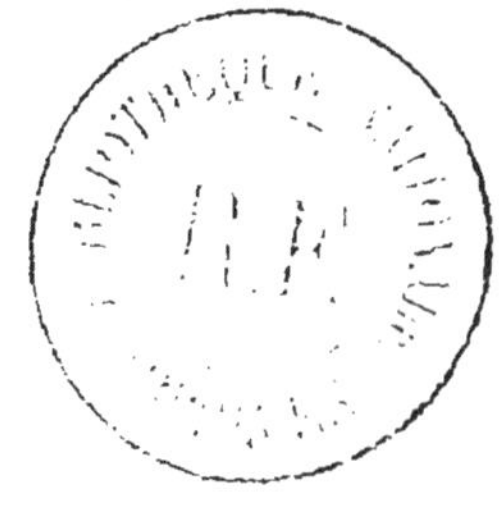

Extrait de la *Feuille de Provins.*

PROVINS,
ET LIBRAIRIE DE LEBEAU,

1872.

Je prie mes chers collègues : MM. Charbaut, Chevalier, Gallot et Gennerat, de vouloir bien accepter la dédicace de ces quelques pages d'histoire locale, dans lesquelles j'ai cherché à retracer le plus fidèlement possible le souvenir de notre commune captivité.

Plus tard, en retrouvant ces lignes qui lui rappelleront les terribles circonstances sous l'impression desquelles elles ont été écrites, chacun de nous pourra répéter avec le poète latin :

. . . . . *Et quorum pars fui.* . . . . .

E. BOURQUELOT.

— Vous ne rirez pas tout à l'heure.

Bientôt l'artillerie allait occuper les hauteurs de Saint-Syllas ; l'infanterie formait les faisceaux sur la place Saint-Ayoul, et les cavaliers, le pistolet au poing, fermaient toutes les issues. A partir de ce moment, impossible de sortir de la ville, inconvénient assez sérieux un samedi. On avait d'ailleurs remarqué la tactique de ces soldats policiers, qui choisissaient les jours de marché pour leurs expéditions. C'était un moyen d'intimider en même temps les populations des villes et celles des campagnes.

A peine installé à l'hôtel de la *Boule d'Or*, le colonel Seuber fit appeler le maire, et, à la suite d'un long entretien avec lui, il réclama les prisonniers de Frétoy, amenés récemment à Provins par des francs-tireurs de *la Marne*. Les prisonniers, la plupart malades ou blessés, se trouvaient en ce moment à l'ambulance, où ils étaient traités avec la plus grande humanité. Le colonel s'y transporta ainsi qu'à l'Hôtel-Dieu, où il découvrit, malheureusement pour nous, deux Prussiens, dont l'un, blessé à la ferme de Bois-Bourdin, fit des révélations sur cette déplorable affaire que l'ennemi avait jusqu'alors ignorée. De l'Hôtel-Dieu, le chef wurtembergeois, se rendit à la prison, où il ordonna la mise en liberté immédiate d'un cultivateur des environs, détenu sous l'inculpation d'avoir expédié à Coulommiers une voiture de blé, destiné à l'ennemi.

A son retour à la mairie, le colonel se fit représenter trois citoyens qui, arrêtés par ses ordres le 19 novembre, après une nuit passée au poste, avaient été relâchés le lendemain, sous condition de ne pas quitter Provins. La ville était passible d'une amende de 5,000 fr. pour chaque contrevenant à cette injonction.

Satisfait sur ce point, il le fut beaucoup moins, quand, après avoir réclamé la comparution du procureur de la République, on lui répondit que ce magistrat était absent.

Le colonel envoya de suite deux soldats au domicile du procureur pour l'arrêter, dans le cas où il serait découvert. Ils ne tardèrent pas à revenir annoncer l'insuccès de leur perquisition. M. B..., averti officieusement la veille, n'avait pas attendu la visite des Wurtembergeois.

On vit au désappointement et à la colère du commandant Seuber, combien il attachait d'importance à cette capture qui heureusement lui échappait. D'après les renseignements recueillis plus tard, on sut que notre compatriote aurait couru les plus sérieux dangers, s'il n'eut eu la prudence de se soustraire à la vindicte de l'ennemi.

Ces premières investigations terminées, le colonel songeant que ses soldats à jeun devaient sentirr le besoin de se réconforter, fit à la municipalité une réquisition de pain, de vin et de viande pour mille hommes. Sur l'observation qu'il était difficile à cette heure de trouver de la viande cuite, en quantité suffisante :

— Eh bien! donnez du fromage! Cela coûtera moins cher à la ville, ajouta-t-il avec un sourire narquois.

Une heure après, on pouvait voir les héros du Wurtemberg se délecter sur la place Saint-Ayoul avec nos fromages, qu'ils pressaient plus ou moins délicatement dans leurs mains, avant de les déguster.

Diverses questions insidieuses furent encore posées au maire, qui y répondit en fournissant des explications de nature à sauvegarder les intérêts de ses administrés, puis le colonel sortit en donnant rendez-vous pour deux heures à la mairie, au maire et aux conseillers municipaux. Dans l'intervalle, sur son commandement, fut publié un avis d'après lequel les habitants détenteurs d'armes, étaient invités à les déposer immédiatement à la mairie.

Chaque arme trouvée une heure après la publication, rendait le délinquant passible d'une amende de 100 fr. Le projet de rédaction soumis à la signature du chef allemand portait, conformément aux précédentes formules de l'autorité prussienne, menace de mort pour les récalcitrants !

— Rayez ce mot dérisoire, puisqu'on n'exécute jamais personne, observa-t-il; remplacez la mort par l'amende, ce sera beaucoup plus pratique.

Les perquisitions commencèrent dans le délai prescrit : elles furent opérées chez un grand nombre de particuliers et donnèrent lieu à d'odieuses vexations, et à plusieurs soustractions d'argent et d'objets mobiliers. L'amende fut impitoyablement exigée de personnes qui s'étaient crues autorisées à conserver de vieilles armes hors de service, véritables curiosités archéologiques, respectées par les défiants Bavarois eux-mêmes. La plupart de ces hommes, surexcités par la boisson, ne cherchaient qu'un prétexte pour se porter à des violences contre nos compatriotes terrifiés.

A l'heure indiquée, le colonel pénétrait dans les bureaux où l'avaient précédé le maire et les membres du conseil. On prévoyait bien que le quart d'heure de Rabelais avait sonné, le colonel allait formuler ses exigences; son visage pâle et maladif était visiblement contracté, son front chauve portait la tempête.

— Messieurs, dit-il après quelques instants de recueillement, pour tous les faits que je reproche à la ville, j'exige 20,000 fr. qui devront être payés sous deux heures.

La sentence prononcée, le grand justicier resta inflexible devant toutes les observations qui lui furent faites et ne voulut rien rabattre de l'addition; le maire déclara qu'il allait se concerter avec le conseil municipal.

Pendant que chacun prenait sa place autour du classique tapis vert, une partie des soldats se massait sur le perron, tandis qu'une autre cernait les abords de l'hôtel-de-ville. La position devenait critique : nous allions délibérer sous la pression des baïonnettes.

Malgré ce déploiement de forces, le conseil municipal consulté, fut de suite unanime pour répondre par un refus catégorique à la sommation militaire. Puis la discussion s'engagea avec un grand calme et une parfaite dignité, sur la question de savoir comment on formulerait ce refus et de quelle manière il serait notifié. Plusieurs membres furent d'avis de nommer deux délégués pour aller trouver le commandant et faire auprès de lui de nouvelles tentatives conciliatrices; d'autres proposèrent de rédiger une adresse collective. Ce dernier avis prévalut, et on procéda immédiatement à la rédaction d'une note explicative.

Dans cette note, on s'attachait à établir la distinction des différents rouages dont se compose notre organisation judiciaire, administrative et municipale; détails qu'ignoraient ou feignaient d'ignorer les astucieux Allemands.

On s'efforçait encore de démontrer, que l'administration municipale ne pouvait être déclarée responsable de faits qui, fussent-ils exacts, s'étaient passés en dehors de son action. En conséquence, la ville ne devait encourir aucune pénalité, pour des actes auxquels les habitants étaient restés complétement étrangers.

L'adresse se terminait par un appel à l'équité et au bon sens du colonel Seuber, qui, mieux informé, déchargerait la ville d'une amende qu'elle était d'ailleurs incapable de payer.

La rédaction définitivement arrêtée, deux délégués furent chargés d'accompagner le maire pour porter cette réponse au commandant.

Celui-ci après l'avoir lue attentivement :

— C'est tout ce que vous avez trouvé en deux heures, s'écria-t-il furieux. Eh bien ! je vous emmène tous.

Cette décision transmise au conseil fut accueillie avec calme et résignation ; nous prîmes tous bravement notre parti, comme des hommes qui venaient de faire acte d'indépendance et de dignité. C'était d'ailleurs une occasion pour les conseillers de protester contre les accusations de faiblesse et même de lâcheté, dont quelques mécontents les poursuivaient. Leur conduite, dans cette circonstance prouvait qu'ils n'hésitaient pas à faire le sacrifice de leurs convenances personnelles, du moment que ce sacrifice pouvait présenter un avantage pour la ville.

Avant de quitter la salle des délibérations, plusieurs membres écrivirent à la hâte à leurs familles quelques mots qu'ils chargèrent le concierge de faire parvenir à destination. La plupart d'entre nous, n'ayant aucunement prévu cette solution, ne s'étaient pas munis d'argent, et se trouvaient insuffisamment vêtus pour voyager dans cette rigoureuse saison. Impossible d'aller à son domicile pour y chercher les objets les plus indispensables. Grâce à l'obligeance des employés de la mairie, quelques petites sommes d'argent nous furent avancées, et en même temps on emprunta trois ou quatre couvertures au poste de la garde nationale.

Le bruit de notre départ s'étant rapidement répandu, une sourde fermentation régnait dans les rues, les citoyens les plus inoffensifs devenaient victimes de violences d'une soldatesque effrénée; l'exaspération était au comble. Le moindre conflit eut été le signal du pillage et des excès qui en sont ordinairement la conséquence. Encore cette fois, la ville échappa comme par miracle à ce danger.

La foule remplissait toutes les parties de la place que la troupe n'occupait pas, les signaux et les paroles s'échangeaient en dépit des soldats qui nous gardaient.

De tous côtés, nous recevions les offres de service les plus empressées et les plus amicales de nos courageux concitoyens, qui en s'approchant, s'exposaient aux brutalités des factionnaires. En quelques instants, des vêtements étaient apportés, transmis par l'intermédiaire des sentinelles qui, avant leur distribution, en vérifiaient minutieusement le contenu.

On nous fit parvenir ainsi quelques provisions de bouche, pain, charcuterie, etc.

Groupés sur le perron, nous attendions silencieux l'instant du départ, nous étions tous les vingt prêts à subir la même peine qui, ainsi partagée, semblait à chacun beaucoup moins lourde, sentiment un peu égoïste, mais dont les conseillers municipaux eux-mêmes ne sont pas exempts.

Enfin nous vîmes déboucher sur la place un petit omnibus réquisitionné à notre intention et qui vint s'arrêter à quelques pas de la mairie.

Le colonel fit alors ranger devant lui les conseillers, et, après avoir promené lentement ses regards sur tous :

— Monsieur !.. dit-il d'un ton bref et hautain en s'adressant successivement à cinq d'entre nous ; puis, avec un geste impératif, il indiquait la voiture où nous devions monter, et chacun d'obéir à son tour. Le docteur Chevalier, malgré le brassard international qui aurait dû le protéger, fut désigné le premier. Pour moi, je ne vins que le quatrième et ne songeai pas à m'en formaliser.

Notre premier magistrat municipal s'étant approché du colonel pour le prier de le comprendre parmi les prisonniers :

— Non, pas vous, monsieur le maire, répondit-il doucereusement.

En effet, il n'entrait pas généralement dans les plans des chefs de ces sortes d'expéditions, d'emmener en otages les maires.

Voyant qu'aucun de nos autres collègues ne nous suivait, nous en conclûmes, que le nombre des otages réclamés comme garantie de l'amende de 20,000 francs, était limité à cinq. Nous valions donc en ce moment chacun 4,000 francs. Il ne m'appartient pas de juger si cette estimation était exagérée.

Au bout de quelques instants, nos collègues, rendus à la liberté, venaient nous serrer affectueusement la main, en assurant qu'ils allaient s'occuper activement d'abréger le temps de notre captivité.

Nous les remerciâmes en les engageant à s'abstenir et, en tout cas, à ne pas se presser, le hasard des événements pouvant amener dans la situation des changements imprévus. Nous ajoutâmes que nous étions sans crainte et que nous ne pensions courir aucun danger.

Nous ignorions alors le lieu de notre destination, on avait seulement entendu le colonel murmurer le nom de Versailles.

L'ordre du départ fut enfin donné; nous échangeâmes un dernier adieu avec les parents et les amis qui se trouvaient à proximité; les soldats firent écarter les curieux, puis la voiture s'ébranla lourdement et roula au milieu d'une double haie de fantassins.

La foule consternée de ce dénouement que les péripéties de la journée auraient pu faire pressentir, affluait sur notre passage et nous adressait les témoignages les plus sympathiques.

La cavalerie marchait en tête du cortége, l'infanterie suivait et l'artillerie formait l'arrière-garde. Je ne sais dans quel ordre venait la musique, elle était muette, et pourtant l'exécution d'une marche funèbre n'eut pas été déplacée dans la circonstance.

Les chevaux ralentirent encore leur allure en gravissant la côte de la route de Paris. Les ténèbres avaient peu à peu remplacé le crépuscule; à l'horizon, la lune essayait de percer de sa lueur blafarde l'ombre épaisse de la nuit.

Au milieu d'un silence profond et solennel, on n'entendait que le pas lourd et cadencé des soldats. Enveloppés de leur ample capote grise, dont le collet relevé leur masquait en partie le visage, ils ressemblaient à des fantômes armés.

II.

Une nuit à Chenoise.

A un moment, nous vîmes l'un de ces fantômes s'élancer sur le siége de la voiture et s'installer sans façon à côté du conducteur.

Etait-ce un surcroît de précautions?

Cette défiance nous parut peu justifiée. Personne assurément ne méditait une évasion.

Nous étions engagés depuis quelques minutes sur le chemin de Chenoise, quand tout à coup retentit le son éclatant de la trompette. C'était le signal de la halte. A peine arrêtés, les guerriers de l'escorte, faisant volte-face sans quitter leurs rangs, se livrèrent à un exercice qui, pour être peu militaire, n'en fut pas moins exécuté avec l'ensemble et la précision qui distinguent les soldats allemands dans toutes leurs manœuvres.

Cette satisfaction accordée à la nature, la colonne reprit sa marche sans interruption jusqu'à Chenoise.

Si le silence régnait autour de nous, il était peu observé à l'intérieur de la voiture; les incidents émouvants de la journée servaient naturellement de thême à la conversation.

Chacun envisageait sa position avec plus ou moins de philosophie, selon son tempérament et son organisation. Les contrastes les plus opposés se trouvaient réunis dans cette boîte de sapin.

L'un montrait une sérénité et une placidité qui tenaient du flegme britannique, tandis que son voisin, plus expansif, déployait une faconde et une volubilité toutes méridionales.

Chacun commentait au point de vue de sa profession, de ses fonctions ou de ses occupations, les conséquences de son absence de Provins le lendemain dimanche.

Le médecin songeait aux malades qui seraient privés de ses visites, l'architecte voyait ses plans dérangés : il avait justement rendez-vous avec ses entrepreneurs; le meunier manquerait à son moulin; mon quatrième compagnon ferait défaut à la paie hebdomadaire des ouvriers; quant à moi, je pouvais alléguer aussi d'excellents motifs en faveur de ma présence à Provins.

Mais la préoccupation dominante était la pensée pénible que nos familles, surprises par notre brusque départ, se trouvaient plongées dans l'inquiétude et le tourment.

En approchant de Chenoise, nous nous demandions si l'on s'arrêterait dans ce village pour y passer la nuit, ou si l'on continuerait sans interruption ce voyage nocturne. Cette seconde alternative nous souriait médiocrement, la perspective de coucher dans la prison roulante n'avait rien de séduisant.

Un mirage ironique représentait à l'imagination surexcitée les douceurs du foyer domestique, douceurs auxquelles il fallait absolument renoncer ce soir.

L'arrivée à Chenoise vint mettre fin à nos incertitudes; la voiture, accompagnée d'une partie de l'escorte, franchit le pont qui relie le château à la route, s'enfonça sous la voûte du pavillon et s'arrêta dans la cour.

Aussitôt descendus de l'omnibus, nous suivîmes les soldats qui montèrent l'escalier conduisant au premier étage où se trouve la salle de billard. Une fois entrés, la porte se referma derrière nous; deux sentinelles furent placées sur le pallier et deux autres au bas de l'escalier.

A part l'absence de lits, nous n'aurions pu rêver un logement plus confortable et plus élégamment meublé. Un magnifique billard qui n'attendait que des joueurs, occupait le milieu de la vaste pièce dont les fenêtres donnaient d'un côté sur la cour, et de l'autre sur la campagne. La cheminée était bourrée de combustible qui flamboya bientôt, grâce au garde-chasse du château, L..., lequel, transformé en maître des cérémonies, se mit à notre disposition pour les services qu'il lui serait permis de nous rendre.

L... annonça que l'on préparait le dîner des officiers logés au château et que notre tour viendrait immédiatement après, communication fort bien accueillie de la part des otages à jeun depuis plus de douze heures.

L..., qui tenait à nous faire généreusement les honneurs du château en l'absence des maîtres, revint au bout d'un quart d'heure avec une provision de bouteilles de vin qu'il déposa sur le parquet ciré.

Ici je dois, en historien véridique, constater l'imprudence du garde et la maladresse du narrateur. A peine les bouteilles dressées, mon pied heurta l'une d'elles, dont la chute entraîna celle de ses voisines, qui se renversèrent comme des capucins de cartes. Aussitôt, des flots de pourpre se répandirent dans la salle.

Cet accident, qui avait mis en belle humeur mes compagnons, ne fit de tort qu'à la cave du propriétaire, à l'indulgence duquel je me réclame ici ; car les bouteilles cassées furent aussitôt remplacées, et nous n'eûmes rien à perdre sur la quantité ni sur la qualité.

Je me mis en devoir de réparer autant que possible les avaries occasionnées par mon inadvertance.

Je m'efforçais de donner un écoulement régulier au fleuve vermeil qui s'épanchait de tous côtés, lorsque la porte s'ouvrit, et le colonel Seuber, avec sa figure sèche et glaciale, apparut comme la statue du commandeur.

Cette entrée subite paralysa mes mouvements.

En s'approchant de nous, le visage de notre geôlier prit une expression débonnaire que nous ne lui connaissions pas.

— « Messieurs, fit-il, vous serez fort bien ici, « il ne vous manquera rien ; on vous servira tout à « l'heure à souper, et je vais vous faire préparer « un *grand bouillon* de ma façon, vous m'excuse- « rez s'il n'est pas aussi bon que je le désirerais. »

Pour un Wurtembergeois, c'était assez gracieusement tourné. Mais là ne se bornèrent pas ses attentions.

Nous le vîmes passer en revue les armoires de la salle de billard et d'un cabinet contigu. Le but de cette inspection était de s'assurer si un certain vase indispensable avait été préparé. Après s'être convaincu de son existence, le colonel, la conscience satisfaite, sortit en nous saluant poliment.

Qui eut soupçonné que ce militaire, si féroce dans la journée, fut capable de prévenances aussi délicates envers ses prisonniers?

Le commandant parti, le médecin entra à son tour.

Certains de mes compatriotes se rappellent cette tête carrée, cette figure épaisse, aux traits plats et vulgaires, vrai type germanique; ils n'ont sans doute pas oublié que cet élève d'Esculape avait un goût très-prononcé pour les chevaux de luxe qu'il réquisitionnait, quand il en trouvait dans les écuries provinoises.

Le docteur ne venait pas s'informer de notre santé, mais prendre nos noms qu'il inscrivit sur un carnet.

Cette formalité remplie :

— Messieurs, dit-il d'une voix paterne, je puis vous prévenir que tout à l'heure on vous apportera un bon dîner, des bifteaks, de la salade aux pommes de terre et un dessert varié.

Après avoir joui de l'effet agréable que devait produire sur nous l'annonce d'un si appétissant menu, le docteur se retira, emportant nos remerciements.

C'était un assaut de bons procédés.

A onze heures environ, le garde entra, muni de la vaisselle destinée à notre table; nous saluâmes d'une acclamation unanime l'arrivée de la soupière qui laissait échapper les effluves odorantes du grand bouillon annoncé.

Ce potage, qui n'était pas seulement copieux, mais excellent, avait été confectionné avec l'extrait de viande Liebig, fourni libéralement par le colonel qui, d'ailleurs, ne pouvait en faire un meilleur emploi.

Les bifteaks furent appréciés à leur valeur; la salade aux pommes de terre eut un succès mérité: le tout arrosé d'un nectar bourguignon dont je fais mon sincère compliment au propriétaire.

L'intelligent garde nous avait ménagé la surprise d'un pur moka qui ne figurait pas sur la carte du docteur allemand.

Sous l'influence d'un vin généreux, les préoccupations chagrines avaient presque disparu, une gaîté intime déridait les visages, et de nombreux toasts se succédaient à l'adresse de nos parents, de de nos collègues et amis.

On s'imagine qu'à la suite de cette fraternelle agape, le sommeil resta rebelle à toute tentative, malgré l'invitation au repos que nous offraient les divans disposés autour de la salle. Et d'ailleurs, le sommeil le plus robuste n'eut pas résisté au bruit étourdissant des billes se choquant sur le tapis du billard que deux de mes camarades occupèrent sans désemparer jusqu'au matin.

Il faut rendre justice à nos cerbères casqués qui n'essayèrent aucunement d'entraver notre liberté... au moins à l'intérieur; leur discrétion fut récompensée par un petit verre de *shnapp*, douceur à laquelle les fils de Bellonne, à quelque nation qu'ils appartiennent, ne sont jamais insensibles.

Le jour commençait à poindre quand L... apporta le café, en annonçant que le départ aurait lieu à huit heures. Il nous apprit que les soldats logés dans le village et les fermes environnantes, s'étaient livrés la nuit aux plus minutieuses recherches, en répandant partout l'épouvante.

Les angoisses étaient d'autant plus vives chez les habitants, qu'un certain nombre d'entre eux avaient figuré comme témoins ou comme acteurs dans plusieurs affaires très-compromettantes pour le pays.

Le garde ne se sentait pas la conscience tranquille; il était fort perplexe, et les confidences qu'il nous fit à voix basse justifiaient parfaitement son impatience de voir ses hôtes s'éloigner.

Je jetai un coup d'œil de la fenêtre qui s'ouvrait sur la campagne; la brume matinale ne laissait encore entrevoir que vaguement le paysage. A peine si l'on distinguait au premier plan, la forme indécise des arbres qui bordent la route ; de blanches vapeurs s'élevaient des prairies humides.

Au-dessous de nous, les factionnaires arpentaient silencieusement le pont d'une extrémité à l'autre ; de temps en temps, des cavaliers isolés galopaient sur le chemin, puis ils disparaissaient dans le village, sans doute pour opérer quelques razzias.

Un de mes compagnons s'étant placé au balcon donnant sur la cour, où se trouvait notre automédon Marin-Thibaut, qui attelait ses chevaux, essaya d'échanger quelques mots avec lui. Mais une sentinelle apostropha grossièrement le cocher et, d'un geste farouche, fit signe à notre téméraire ami de se retirer immédiatement et de fermer la fenêtre.

Il est huit heures, le mouvement qui précède un départ s'accentue, on amène le cheval blanc du colonel, qui, après l'avoir enfourché, se dirige au galop du côté du village.

Nous sommes invités à notre tour à remonter dans le véhicule provinois.

III.

De Chenoise à Tournan.

Les fantassins, dont nous étions entourés hier, avaient cédé la place à des cavaliers qui caracolaient à nos portières; honneur ordinairement réservé aux souverains, mais que nous eussions volontiers décliné dans la circonstance.

A quelques pas derrière nous, entre deux rangs de cavaliers, nous reconnûmes dans un cabriolet M. Lesage, fermier de Marolles, et à côté de lui son domestique. Ce cabriolet était suivi d'une charrette dans laquelle on distinguait, au milieu de plusieurs Prussiens enlevés à l'ambulance, notre compatriote Toudy, facteur de pianos, et un autre Provinois nommé Nicolas, tondeur de chevaux.

Privés de toute communication avec le dehors depuis deux heures de l'après-midi, où nous avions été bloqués dans l'hôtel-de-ville, nous ignorions complètement ce qui s'était passé à partir de ce moment à Provins.

Pendant que nous nous perdions en conjectures sur cette rencontre inattendue, la voiture traversait Chenoise.

Les habitants sur leurs portes, regardaient atterés, le défilé du triste cortége.

Le passage de la forêt s'effectua sans incident; l'absence de feuilles aux arbres ne permettait guère aux francs-tireurs de s'y abriter, dans le cas où ils auraient été disposés à tenter un coup de main.

Puis, les Wurtembergeois étaient en forces pour défier une attaque de ce genre, qui d'ailleurs n'eut servi qu'à compliquer et à aggraver notre situation.

A Jouy-le-Châtel, théâtre de plusieurs scènes sinistres pendant la guerre, le même sentiment de curiosité et d'intérêt attire les villageois sur le seuil de leurs maisons. Je constate que des paroles sont échangées de l'omnibus avec les indigènes, sans que nos gendarmes y mettent obstacle.

A la sortie de Jouy, le soleil voilé jusqu'alors, se dégage peu à peu de sa prison de nuages; ses tièdes et bienfaisants rayons se montrent comme un sourire du ciel pour égayer nos esprits qu'une nuit d'insomnie et la maussaderie du temps avaient quelque peu assombris.

Tous, cependant, n'avaient pas subi la même influence, le plus expansif de mes compagnons, d'une intarissable gaîté, faisait tous ses efforts pour nous la communiqüer, sans y réussir complètement.

Son attitude lui était surtout inspirée par un sentiment d'amour-propre national : il tenait essentiellement à prouver à nos persécuteurs, que le sang gaulois coulait dans ses veines, et que les enfants de Provins ne se laissent pas abattre par la mauvaise fortune.

Un jeu de cartes, emprunté au château de Chenoise, est fort à propos exhibé pour faire diversion aux soucis du moment. Avec le secours de nos genoux transformés en une table aussi défectueuse qu'incommode, nous parvenons à organiser un écarté général.

Les cavaliers, dont les regards plongent par les portières à l'intérieur de l'omnibus, suivent avec un intérêt marqué les phases des parties engagées. Ce pacifique divertissement semble leur procurer plus de distraction qu'aux joueurs eux-mêmes.

L'un de ces hommes, aux joues roses et creuses, a peine à garder l'équilibre sur son cheval ; à chaque secousse, sa figure amaigrie se contracte douloureusement, ses souffrances excitent en nous une véritable compassion.

A l'approche de Prévert, qui vient d'être signalé, la partie est interrompue, et toute l'attention se concentre sur ce hameau, point de bifurcation des routes de Tournan et de Coulommiers.

Laquelle allait-on suivre?

Notre préférence, si on nous eut consulté, était acquise à Coulommiers, par plusieurs considérations qui n'existaient plus à Tournan, à Corbeil ou à Versailles.

Nos regards anxieux restaient fixés sur la tête de la colonne.

Les chances paraissent d'abord favoriser nos désirs; l'artillerie et une partie de l'infanterie, précédés du colonel, s'engagent sur le chemin de Coulommiers. Mais la vue d'une compagnie de fantassins se détachant pour prendre la direction de Rozoy, vient nous replonger dans l'incertitude.

Plus de doute, hélas! les premiers cavaliers obliquent à gauche, et, à leur suite, nous tournons le dos à Coulommiers : adieu nos espérances!

Nous aperçûmes, en passant devant Vaudoy, le détachement de fantassins perquisitionnant dans le village.

Le petit désappointement que nous venions d'éprouver, se manifesta par quelques paroles amères, mais cette impression fâcheuse ne tarda pas à se dissiper.

Du reste, ce n'est pas l'agrément du paysage qui eut pu donner un cours plus riant à nos pensées et relever le moral un peu affecté des captifs.

La campagne environnante est absolument dépourvue de pittoresque et d'attrait ; les plaines immenses qui se déroulent à perte de vue peuvent offrir un certain charme au printemps, alors qu'elles ont revêtu leur fraîche et verdoyante parure, alors que des buissons fleuris s'exhalent de douces senteurs et que l'oiseau anime l'air de ses chants joyeux.

Mais aujourd'hui 18 décembre, impossible de se livrer à la moindre idylle ; les champs ne présentent aux yeux attristés que des tons fauves et gris dont rien ne rachète la fatigante uniformité.

Le pays conserve à peu près la même physionomie jusqu'à Rozoy, où nous arrivons à midi.

A l'entrée de la ville, flotte un drapeau noir, funèbre avertissement justifié par une épidémie qui avait sévi pendant quelque temps dans la cité briarde. Seulement, à cette heure, l'exhibition de ce signal peut bien n'être plus qu'un ingénieux expédient pour éloigner les Prussiens tentés de séjourner dans la ville.

Nous ne demeurâmes pas longtemps exposés à cet air pernicieux ; mais si rapide que fut le trajet, je pus remarquer que les habitants nous voyaient passer avec l'indifférence de gens blasés sur ce genre de spectacle.

A la sortie du pays, nous retrouvons le lugubre étendard.

Quelques pas en avant du pont jeté sur l'Yère, tout le monde mit pied à terre; le capitaine qui commandait l'escorte, composée d'une centaine d'hommes, s'approcha de nous. Sa physionomie ouverte, son air bienveillant nous encouragèrent à l'aborder et à le questionner. Nous apprîmes de lui que nous allions à Tournan et de là à Corbeil.

Ce renseignement nous fut donné bien entendu sous toutes réserves, ces conquérants craignant toujours de se compromettre.

Comme nous hasardions quelques observations sur l'injustice dont nous prétendions être victimes.

— Vous devez vous trouver fort heureux d'en être quittes à si bon marché, s'écria-t-il; le colonel est trop faible, si j'eusse été à sa place, cela ne se fut pas passé ainsi. Provins est un repaire de francs-tireurs, ou plutôt de brigands, ajouta-t-il en haussant le ton; chaque jour on nous signale de nouveaux méfaits, nous ne voulons pas endurer cela plus longtemps, il faut une répression sévère.

Le capitaine nous quitta sur ces derniers mots peu rassurants, et remonta à cheval.

Rien à noter dans la traversée de Rozoy à Fontenay-Trésigny; ce village offre, m'assure-t-on, un certain intérêt archéologique : vestiges de murailles féodales, anciens fossés, etc., mais c'est aujourd'hui la moindre de mes préoccupations.

Voici les rails du chemin de fer de Gretz à Coulommiers ; une couche épaisse de rouille les recouvre, les maisons de garde délabrées, sont complètement abandonnées ; les fils télégraphiques, s'ils parlent, n'obéissent qu'à nos ennemis.

Il y a plus de quatre mois que le siflet d'une locomotive a retenti ; depuis ce moment, la vie a été comme suspendue dans ces malheureuses contrées ; les terrains naguères si fertiles qui bordent la voie ferrée, ne sont plus actuellement que des landes désertes.

A ces réflexions mélancoliques se joignit bientôt une certaine souffrance physique : la tasse de café au lait du matin avait creusé les estomacs d'une façon désastreuse. Nous possédions bien des provisions, mais nous nous imposions volontairement le supplice de Tantale, hésitant encore à les attaquer, de peur de ne pouvoir les renouveler de si tôt.

Bientôt se montrent dans le lointain, groupées autour de l'église qui les domine, les maisons de Tournan, où nous arrivons après avoir marché entre deux rangées de constructions en planches, semblables aux boutiques foraines. Seulement, celles-ci n'ont pas tout-à-fait la même destination ;

elles renferment les immenses approvisionnements de guerre des Allemands qui occupent Tournan et ses environs.

IV.

Séjour à Tournan.

En traversant le faubourg, nous remarquons la rareté des indigènes ; ce ne sont qu'uniformes aux portes et aux fenêtres, la plupart veuves de leurs vitres. Après un arrêt de quelques minutes devant l'habitation de l'*Etapen commando*, on nous conduit sur la place du château.

Là, un jeune officier bavarois confère un instant avec son collègue du Wurtemberg et nous fait signe de descendre. Puis il nous prévient qu'il va nous mener dans un des logements les plus convenables de la ville.

Le chef de l'escorte intime l'ordre au cocher de se trouver le lendemain matin à huit heures précises sur la place, et se retire avec ses hommes.

Nous voilà donc prisonniers des Bavarois, nouvelle connaissance que nous n'étions nullement curieux de cultiver.

Le charriot occupé par Toudy et Nicolas a disparu, nous ignorons dans quelle direction. Quant au fermier de Marolles, il a obtenu de ne pas être séparé de nous, et, précédés du capitaine bavarois, nous sommes introduits ensemble dans une maison bourgeoise située sur la place.

Le local réservé aux notables provinois se trouve au rez-de-chaussée; il se compose d'une petite pièce précédée d'une cuisine encore plus petite, à laquelle on accède par un corridor communiquant à la cour d'entrée.

Ce qui nous frappe d'abord, c'est la nudité absolue de l'appartement; la cheminée même se trouve dégarnie de ses ustensiles les plus indispensables.

Cependant, nous étions attendus; il n'y avait pas à en douter à l'aspect de l'épaisse couche de paille répandue sur une partie de la pièce, dans la prévision que nous y passerions la nuit.

L'officier vint nous arracher à la contemplation de cette décoration primitive, en prévenant courtoisement qu'il allait nous faire donner des siéges de sa chambre contiguë à la nôtre.

Si le mobilier laissait à désirer, en revanche, on avait multiplié les sentinelles, ce qui ne faisait pas précisément compensation.

On en a mis partout..., dans le vestibule, dans la cuisine, devant la porte et à l'intérieur de la chambre; sans oublier celles qui montent la garde sous nos fenêtres.

Chaque factionnaire est armé de son fusil surmonté du sabre-baïonnette, prêt à s'en servir au moindre signe de rébellion; mais pas un de nous ne se montre jaloux d'en faire l'épreuve.

Une consigne indiscrète, oblige nos gardiens à nous accompagner jusque dans les endroits où l'on a le plus besoin de solitude.

L'un d'eux apporte des morceaux de bois qu'il entasse avec une prodigalité peu surprenante de la part de gens à qui le combustible revient si bon marché. Il n'arrive à le faire brûler qu'après beaucoup de temps et d'efforts.

Pendant que nous nous réchauffons, M. Lesage nous raconte en quelques mots ses tribulations.

Il se trouvait à Provins dans les bureaux de la mairie au moment de notre arrestation. Aussitôt le départ de la colonne wurtembergeoise, il retourna à Marolles et trouva sa ferme occupée par une cinquantaine de soldats. La maison fut dévalisée et mise au pillage; la nuit s'écoula au milieu de dégoutantes orgies, dont la cave du propriétaire avait largement fait les frais. Puis le lendemain, au moment où le fermier se croyait délivré de ses envahisseurs, on vint lui signifier sans autre explication qu'il était prisonnier.

L'heure s'avançait, et notre dîner devenant de plus en plus problématique, l'attaque des provisions fut décidée. La brèche était à peine ouverte quand on introduisit un visiteur auprès de nous

C'était M. le maire de Tournan qui, prévenu de notre arrivée, venait nous faire une visite de condoléance et offrir ses bons offices.

Nous acceptâmes avec empressement sa proposition de nous faire envoyer à dîner. Après quelques minutes d'entretien, ce magistrat exprima le regret de ne pouvoir rester plus longtemps; mais il lui importait de ne pas éveiller la défiance des ombrageux bavarois.

En prenant congé de nous, il promit de revenir dans la soirée s'assurer que ses ordres avaient été exécutés. Nous remerciâmes chaleureusement M. Hennecart qui avait de suite conquis nos sympathies. Tous ses administrés se plaisent à rendre hommage à la dignité et à la fermeté avec lesquelles il sut défendre leurs intérêts dans les circonstances les plus difficiles (1).

A défaut d'autre distraction, je me livre à l'inspection de la place, dont la vue évoquait chez moi de doux et précieux souvenirs; cette place, je la connaissais déjà; presque vis-à-vis ma chambre de prisonnier, j'avais reçu, dans des temps plus calmes

---

(1) M. Hennecart vient de trouver au *Journal officiel* la juste récompense de ses services : Par décret du Président de la République, en date du 29 décembre 1871, M. Hennecart (Jules), maire de Tournan (Seine-et-Marne), a été nommé chevalier de la Légion-d'Honneur. — Conduite énergique et dévouée pendant l'occupation.

et plus prospères, une cordiale hospitalité, à l'occasion du mariage d'un de mes meilleurs amis. Qui m'eut dit alors que quelques années plus tard, je reverrais Tournan dans de pareilles conditions, gardé à vue comme un dangereux malfaiteur !

Quel changement aujourd'hui ! Les maisons abandonnées par les propriétaires, contraints de céder leurs foyers aux soldats du roi Guillaume, sont presque toutes converties en casernes.

Tournan n'est plus actuellement qu'un camp et un hôpital militaires.

Le sol défoncé est piétiné continuellement par les chevaux prussiens ; les voitures qui le sillonnent sans cesse, s'y enfoncent profondément. Les arbres mutilés par les sabres des Teutons, montrent les plaies béantes de leurs troncs noirs.

On n'aperçoit que des uniformes bigarrés, on n'entend que le cliquetis irritant des sabres sur cette place fréquentée d'ordinaire par de paisibles bourgeois. Il y règne une circulation énorme de piétons et de cavaliers de toutes armes, qui s'entrecroisent sans s'adresser la parole. De temps en temps passent des escouades de soldats chargés de provisions; quelques-uns portent à la main des quartiers de viande sanguinolante.

Puis, du porche ogival de l'hôtel-de-ville, sombre débris d'un château féodal, débouchent à la file des charrettes remplies de blessés allemands et français, confondus pèle-mèle : zouaves, Bavarois, chasseurs de Vincennes, dragons du Rhin, etc.

Ennemis hier, ce ne sont plus aujourd'hui que les sanglantes victimes d'une lutte acharnée.

Un silence morne et farouche plane dans ces groupes multicolores ; aucun cri, aucune plainte ne s'échappe de la bouche de ces malheureux. Quelques-uns sont affreusement mutilés et leurs douleurs doivent être exaspérées par les brusques cahots des charrettes.

Rien de saisissant comme la vue de ces visages pâles et crispés, de ces yeux éteints ; sur plusieurs d'entre eux, la mort a déjà imprimé son sceau fatal.

Tous, sont des combattants des armées de la Loire que l'on évacue sur les ambulances de Tournan et de Coulommiers.

Ce navrant spectacle dura jusqu'à la nuit ; alors, les volets des fenêtres furent fermés et nous restâmes plongés dans l'obscurité profonde, livrés aux plus sombres pensées.

Nous avions été bien inspirés en prenant un à-compte sur le dîner, car il ne fut apporté qu'à huit heures par la maîtresse de l'hôtel de Bourgogne, qui, en mettant le couvert, nous fit le récit abrégé des souffrances et des misères qu'endurait la ville, occupée depuis le 12 septembre.

Pendant le repas, je remarque l'œil de convoitise avec lequel notre factionnaire de l'intérieur, nous regarde manger. Au dessert, il nous présente des cigares en faisant signe de choisir. Nous refusons, mais ne voulant pas être en reste de politesse avec ce Tudesque, nous lui offrons en retour un petit verre d'eau-de-vie, qu'il accepte sans se faire prier. Ce petit verre, suivi de plusieurs autres, avait mis le Bavarois en belle humeur.

Peu à peu, il devint familier. Au moyen d'une pantomime expressive, il témoigna le désir d'être initié à la langue française dans notre compagnie.

Comme moyen pratique et expéditif, le Teuton se faisait désigner en français les objets qui nous entouraient; puis il répétait chaque mot avec un accent germanique des plus prononcés.

Il eut fallu encore pas mal de séances comme celle-là pour compléter l'instruction de cet élève improvisé. Heureusement, nous n'avions contracté aucun engagement avec lui; d'ailleurs on vint bientôt relever le trop studieux gardien, qui s'enhardissant de plus en plus, ne se contentait plus de demander le nom des objets, mais les objets eux-mêmes.

Un de mes compagnons éprouva quelque difficulté à se faire restituer un couteau qu'il lui avait confié et que le gaillard eut été très-flatté de conserver.

Le jeu de cartes est décidément une puissante

ressource dans l'infortune, je ne l'ai jamais si bien compris que pendant le cours de ce voyage. Comme nous achevions notre vingt-cinquième ou trentième partie d'écarté, M. le maire de Tournan, fidèle à sa promesse, vint encore passer quelques instants avec nous; il parla des embarras et des difficultés que lui suscitaient chaque jour les Allemands. La commune venait d'être frappée d'une amende de 12,000 fr., somme impossible à trouver dans la caisse municipale. M. Hennecart s'attendait au premier moment à être emmené en otage.

Après le départ de l'honorable maire, les parties suspendues furent reprises, mais avec moins d'ardeur et d'entrain; l'intérêt languissait et la fatigue commençait à se faire sentir : les paupières des joueurs s'appesantissaient visiblement.

On s'imagine que les préparatifs du coucher furent peu compliqués; il s'agissait de répartir à peu près également entre six, la quantité de paille qui nous avait été accordée, et de la disposer sur un plan incliné, de façon à former sous la tête une espèce d'oreiller.

Cette opération terminée, chacun s'étendit en s'alignant à la place qu'il s'était choisie et s'efforça de goûter, sur ce lit champêtre, les douceurs d'un sommeil réparateur.

Le factionnaire s'installa de son côté sur une chaise, au coin de la cheminée, où il entretint le feu à la satisfaction générale et à la sienne en particulier.

Du reste, je n'eus qu'à me louer personnellement des procédés de ce Bavarois. J'avais le sommeil fort agité par d'affreux cauchemars ; à chaque instant, les brusques mouvements de mon corps déplaçaient la couverture dont j'étais enveloppé. Un de mes voisins observa que toutes les fois que le factionnaire s'en apercevait, il quittait son siége pour venir la replacer délicatement sur moi.

J'eus beaucoup moins à me féliciter de la manière d'agir de son successeur ; celui-ci me fit relever à tout moment, sous prétexte de consulter le cadran de ma montre que j'avais eu l'imprudence d'exhiber devant lui. Heureusement, il ne demanda pas à l'emprunter, sans quoi, elle eut probablement voyagé en Allemagne avec tant d'autres produits de l'horlogerie française, dont nos voisins d'Outre-Rhin se sont montrés si amateurs.

En dépit de cette persécution, succombant à la fatigue, j'étais parvenu à m'assoupir, lorsque mon sommeil fut interrompu de nouveau.

Réveillé en sursaut, j'entendis distinctement ces mots :

— Eh bien ! ne nous gênons plus ; si au moins vous preniez un verre !

J'entrevis alors à travers la lueur fantastique que projetaient les flammes du foyer, mon bourreau qui, nous croyant endormis, s'était glissé comme une ombre vers la table où nous avions laissé un flacon d'eau-de-vie à peine entamé.

Il se livrait depuis quelques instants à des libations aussi copieuses que fréquentes, lorsque, arrivé au paroxysme de la volupté, ne pouvant plus se contenir, il s'écria avec un accent indéfinissable de jubilation :

— Oh!... cognac!...

C'est à ce moment, que mon voisin, qui observait curieusement ce manége, vint l'arrêter brusquement dans son extase.

Le casque à chenille, vivement interloqué de l'apostrophe, se tourna furieux de notre côté, cherchant à découvrir l'audacieux importun.

Mais silence complet dans les rangs, partout, immobilité absolue.

L'amateur de cognac regagna piteusement sa chaise qu'il ne quitta que pour céder à un nouveau collègue, son tour de faction.

La nuit s'acheva ensuite assez paisiblement.

Au petit jour, chacun était sur pied. Il en coûte peu de se lever quand on est couché sur la paille; la moite chaleur du lit n'engourdit pas les membres paresseux ; on n'a que la peine de secouer ses vêtements remplis de poussière et hérissés de petites lames dorées qui s'insinuent comme des aiguilles dans les habits.

Le déjeuner fut aussi sommaire que la toilette. Pendant que l'hôtelière acquittait la note, notre équipage se rangeait sur la place en même temps que l'escorte wurtembergeoise.

A huit heures, l'officier bavarois entra dans la chambre, et, après s'être assuré que nous étions bien au complet, il demanda avec une sollicitude plus ou moins sincère si nous avions passé une bonne nuit; puis, sans attendre la réponse, il nous accompagna jusqu'à l'omnibus, et là, en dépositaire fidèle, il remit au commandant wurtembergeois les prisonniers qui avaient été confiés à sa garde pendant dix-sept heures.

Au bout de quelques minutes, nous traversions avec notre imposante escorte, le passage voûté de la mairie, pour prendre la direction de Gretz.

V.

De Tournan à Corbeil.

Le ciel bas était d'un gris terne; l'air imprégné d'humidité nous obligea à tenir nos portières fermées.

Sur la route, se succèdent des processions interminables de charriots, de fourgons, conduits par des soldats allemands à la mine farouche, et par des convoyeurs français enlevés à leurs travaux et traités comme des bêtes de somme.

A Gretz, même aspect de désolation et d'abandon qu'à Tournan; les magasins d'épicerie, les boulangeries et les débits de boissons sont seuls ouverts.

Au sortir de Gretz, nous suivons une route percée dans les bois; sur son parcours se balancent les fils électriques du télégraphe de Melun à Coulommiers; les employés sont à leurs postes, mais ce détail a peu d'importance pour nous, au point de vue des services que nous pouvons en attendre.

A chaque pas, nous croisons des véhicules de toute espèce, occupés par des militaires, officiers ou soldats, parfaitement armés et équipés; on en rencontre aussi à pied et à cheval, isolés ou groupés; tous passent sans bruit, sans exclamations, presque mystérieusement.

Le village de Chevry-Cossigny est un vaste camp où se trouvent rassemblées des troupes appartenant à différentes armes. Au milieu d'une plaine transformée par la pluie en un lac de boue, les artilleurs font l'exercice au rauque commandement de leurs chefs. Le chemin est encombré de pièces de canon; un peu plus loin, quelques soldats nous injurient en nous menaçant du poing; on nous considère sans doute comme des francs-tireurs qui vont expier leurs exploits, et cela suffit pour exciter cette animosité.

A mesure que l'on avance, la campagne devient de plus en plus solitaire; quelques tas de betteraves éparpillés çà et là sur le sol dévasté, sont les seules traces apparentes de culture.

A l'entrée de Brie-Comte-Robert, le commandant d'étape vient au-devant de notre capitaine; l'escorte s'arrête pendant que les deux officiers conversent ensemble d'un ton assez animé.

Je saisis seulement le nom de Bouchy, qui sort plusieurs fois de la bouche des interlocuteurs.

Bientôt, nous laissons derrière nous la petite ville de Brie et sa pittoresque église, qui se détache longtemps sur le paysage, dénué d'ailleurs de tout caractère.

Arrivés à un endroit où la route est encaissée entre deux talus à la pente inclinée, le capitaine fait faire halte, et, sur son ordre, cavaliers et voitures doivent escalader l'un de ces talus escarpés pour en occuper le sommet. Grâce à l'habileté de notre cocher, cette ascension périlleuse s'opère sans accident.

Il s'agissait de laisser le passage libre à un énorme convoi de malades et de blessés que l'on dirigeait sur Tournan.

Pendant près d'une demi-heure, nous assistons à ce navrant défilé. Ce sont de nouvelles victimes des combats de la Loire; les plus gravement atteints demeurent couchés au fond des voitures, d'autres sont assis, quelques-uns se tiennent debout, leurs yeux ardents tremblent la fièvre, plusieurs portent sur leurs visages d'horribles balafres.

Partout le silence et la résignation.

Le ciel, chargé de nuages noirs et épais poussés par de violentes rafales, éclaire d'une lumière sinistre ce lamentable tableau.

Pendant le défilé, tout le monde ayant mis pied à terre, Toudy obtint de ses gardiens un instant de liberté, dont il profita pour s'approcher de nous.

C'est alors que nous apprîmes que le samedi, sur les trois heures, il avait été arrêté à la porte de son domicile, au moment où passait une voiture occupée par les malades enlevés à l'ambulance, auxquels il faisait imprudemment des signes d'adieu.

— C'est lui, le voilà, celui qui sait tout !

Sur cette indication, on s'emparait, malgré ses protestations, du facteur de pianos, et on le traînait sur la place Saint-Ayoul, en l'accablant d'outrages, de bourrades et de coups de crosses de fusil.

L'homme qui l'avait dénoncé était un des prisonniers échangés contre les femmes de francs-tireurs arrêtées à Bouchy-le-Repos; il était revenu de Coulommiers avec la colonne wurtembergeoise à qui il servait de guide dans ses investigations. Toudy fut interrogé sommairement par le colonel Seuber, qui lui demanda s'il avait des enfants.

— Cinq, répondit notre malheureux concitoyen.

— Votre affaire est très-mauvaise, conclut le colonel ; il y va pour vous de la vie.

Arraché inopinément à sa famille, dont l'intercession fut repoussée par les sbires allemands avec une brutalité inouie, l'infortuné facteur n'avait eu le temps d'emporter ni vivres, ni argent, et il était fort incomplétement vêtu. Depuis le départ de Provins, il voyageait sur une charrette, au milieu de soldats qui exerçaient sur sa personne la surveillance la plus dure. Par un raffinement de cruauté, leurs armes avaient été chargées devant lui. Nicolas et un individu relâché en route, étaient montés en même temps dans la charrette, mais on les gardait beaucoup moins rigoureusement.

A Chenoise, Toudy et ses compagnons passèrent la nuit au corps de garde établi dans la maison d'école. A Tournan, c'est dans un immonde cachot qu'on les renferma, confondus avec des gens de la pire espèce.

Pendant le trajet, le prisonnier devint l'objet des plus grossières insultes de la part de son entourage, dont faisait partie son dénonciateur.

Des menaces de mort ne cessaient de retentir à ses oreilles, et sa connaissance de l'allemand lui permettait malheureusement de saisir tout ce que disaient ses bourreaux. Nous ne connûmes que plus tard le prétexte de ces persécutions aussi odieuses qu'imméritées.

Toudy était resté sans sommeil et sans nourriture depuis son départ de Provins.

Ces tortures morales et physiques avaient épuisé les forces de notre pauvre compatriote, d'une santé d'ailleurs délicate.

— Je préfère qu'on me fusille de suite, répétait-il avec une poignante résignation. Je ne puis continuer à souffrir ainsi.

Ce récit nous avait vivement émus et profondément indignés. Nous nous empressâmes de partager nos provisions avec Toudy en nous efforçant de rendre quelque confiance à cet honnête père de famille, le plus doux et le plus inoffensif des hommes.

On se remet en marche ; à partir de Combs-la-Ville, une pluie fine et serrée commence à tomber et contribue encore à assombrir le paysage.

La chaussée défoncée est tellement mauvaise, que pour l'éviter, nos cavaliers prennent les revers; les arbres dont la route est bordée, les obligent à se courber à chaque pas; sans cette précaution, ils risqueraient de laisser accrochés aux branches desséchées, leurs casques pointus.

Entre Combs-la-Ville et Lieusaint, le chemin a

été coupé transversalement en plusieurs endroits; il ne reste plus qu'une partie du tronc des arbres abattus dans le but d'arrêter la marche de l'ennemi, qui, il faut en convenir, a eu peu à souffrir de ce genre d'obstacles.

Lieusaint ne diffère guère, comme physionomie, des localités que nous venons de parcourir : on est de plus en plus en Allemagne.

Encore quelques pas, et nous arrivons à Saint-Germain-lès-Corbeil, village construit sur une hauteur qui commande la vallée de la Seine et n'est séparé de Corbeil que par un faubourg.

A l'ordre du capitaine, l'escorte et les voitures viennent se ranger à gauche de la route, sur une vaste place plantée de marronniers séculaires; de l'autre côté, en face, s'élèvent les bâtiments du magnifique château de M. Darblay, occupé actuellement par un général prussien et son état-major.

Le capitaine nous quitte pour aller prendre les ordres du général.

Pendant environ une heure que nous stationnons sur la place, les sourdes détonations du canon se font entendre presque sans interruption, et avec une intensité effroyable.

Ce repos forcé nous permet d'examiner à loisir les nombreux et brillants uniformes qui se pressent à la porte du château.

Mais un autre spectacle vient bientôt absorber

notre attention ; ce sont des centaines de prisonniers français, troupes de ligne, mobiles, mobilisés, qui remontent la route de Corbeil, escortés par des soldats bavarois.

Au milieu de ce pèle-mèle confus d'uniformes, on distingue quelques officiers, dont l'attitude digne inspire l'intérêt, mais il règne dans la tenue générale un abandon et un laisser-aller déplorables.

Toujours des débris des armées de la Loire.

A son retour, le chef de l'escorte fait mettre ses hommes de front, et leur donne de longues instructions, à la suite desquelles le détachement part au galop.

L'officier, resté seul avec nous, réclame de notre obligeance une place dans la voiture. Nous nous serrons un peu, et nous descendons avec notre nouveau compagnon une rampe escarpée qui rappelle l'entrée de Melun par le faubourg S.-Liesne.

Je remarque en passant, un certain nombre de maisons qui portent sur leur fronton la Croix internationale de la Convention de Genève.

En bas de la côte, le capitaine se fait indiquer la résidence du commandant d'étape. L'omnibus franchit le pont de pierres dont quelques arches, détruites au commencement de la guerre, ont été promptement rétablies par l'ennemi.

On tourne à gauche sur le quai, et le cocher s'arrête devant une maison d'apparence confortable ornée de cette inscription : *Etapen commando.*

Le capitaine entre, en nous promettant de demander notre liberté sur parole.

Après un intervalle de quelques minutes, il reparaît sur la porte, accompagné d'un militaire d'un âge mur, aux cheveux rares et grisonnants; physionomie austère, attitude raide et compassée.

Le *commando*, car c'était lui, s'approche de nous, et d'une voix mielleuse :

— Messieurs, dit-il, je regrette de ne pouvoir vous loger en ville à cause de l'encombrement actuel des troupes; on va vous mettre provisoirement en prison.

En prison!... C'était le bouquet. Ce mot de prison répandit un certain froid parmi les notables, un peu surpris de ce dénouement imprévu. Mais aucune réclamation ne s'éleva, on se borna seulement à solliciter la faveur de ne pas être séparés les uns des autres.

Les voitures se dirigèrent du côté de la maison d'arrêt, située au centre de la ville, sur une place peu régulière et encadrée de constructions d'une vulgarité à laquelle n'échappent pas celles plus monumentales du tribunal et de la mairie, attenantes à la prison.

VI.

La prison de Corbeil.

En descendant de voiture, nous sommes abordés par plusieurs habitants qui nous questionnent sur les causes de notre incarcération, mais on ne nous laisse pas le temps de satisfaire leur curiosité.

A la porte de la prison, un soldat bavarois monte la garde ; l'officier wurtembergeois prend congé de nous, après s'être assuré que tout le monde est présent. Nous entrons à la geôle, où se trouve le gardien-chef, qui fait à son tour l'appel de nos noms.

C'est un homme d'une soixantaine d'années, grand et maigre, un peu voûté ; sa figure colorée a une expression commune et triviale, on voit de suite qu'il ne faut pas se fier à son air de bonhomie.

Ce bloc enfariné ne nous dit rien qui vaille.

Au sourire de satisfaction qui éclaire son visage en nous examinant, on devine que le rusé vieillard escompte déjà le profit que ses nouveaux locataires sont susceptibles de lui procurer.

Les premières formalités accomplies, le gardien nous invite gravement à le suivre.

Un escalier de quelques marches nous mène à

un corridor obscur, sur lequel s'ouvrent les portes des cellules. Celle qui nous est réservée ne demandera pas une longue description.

Qu'on se figure une petite pièce blanchie à la chaux, ne recevant de jour et d'air que par une espèce de lucarne à double grillage de fer. La cellule est entièrement occupée par six couchettes en fer, étroites et basses; sur chacune, repose une mince paillasse, luisante d'une graisse accumulée par plusieurs générations de voleurs ou d'assassins, et dont l'intérieur donne sans doute asile à toute une population d'insectes parasites.

Aucun autre meuble!... Pas même le vase qui avait tant préoccupé à Chenoise la sollicitude du colonel Seuber.

Comme j'en faisais ingénument l'observation, Garnier (c'était le nom du geôlier) me montra, d'un air goguenard, un baquet que l'obscurité m'avait empêché d'apercevoir dans un coin de la pièce. Je demande pardon au lecteur de ces détails de couleur locale, mais il me faut encore ajouter que ce baquet était destiné à remplacer un *water-closet* complet. Une fois enfermés, il n'existait aucun moyen de se faire ouvrir.

Pas le moindre cordon de sonnette pour communiquer avec le dehors.

— C'est une des meilleures chambres de la maison! se hâte de déclarer le bonhomme, allant au-devant de nos réflexions.

— Celle-ci est cependant bien modeste, objectai-je timidement.

L'inspection de notre futur domicile terminée, nous descendons dans la cour où se promènent de long en large plusieurs pensionnaires de l'établissement.

Elle forme un quadrilatère régulier, fermé à droite et à gauche par deux murs, dont l'un, moins élevé, nous sépare d'un préau réservé aux détenus prussiens. Le rez-de chaussée des bâtiments, dont la façade regarde la place du tribunal, se compose de la geôle, du parloir, d'une cuisine, et, à côté, se trouve, singulier voisinage, un réceptacle immonde que les Allemands appellent *abstritt*.

Vis-à-vis, au fond de la cour, appuyé à la muraille, un petit appentis, couvert de zinc, sert aux prisonniers d'abri en cas de pluie, et de chauffoir pendant l'hiver.

Un panache d'une fumée noire et épaisse s'échappe en ce moment du mince tuyau de tôle qui perce la toiture. Comme dernier détail caractéristique, je remarque, couvrant une partie de la cour, un énorme dépôt d'ossements d'animaux : débris de crânes, de mâchoires, de tibias, etc. L'exhibition de ce hideux charnier en cet endroit, outre qu'elle n'a rien de récréatif pour l'œil, est contraire aux préceptes de l'hygiène la plus élémentaire.

J'entre au chauffoir, où plusieurs détenus font cercle autour d'un poêle en fonte dont les nombreuses fissures, livrent passage à des torrents d'une âcre fumée. Cet inconvénient ne paraît pas, du reste, affecter les habitués, assis sur de rustiques escabeaux de bois.

Le mobilier consiste en une suite de bancs scellés qui, adossés au mur font le tour de la salle ; au-dessus, des planches sont disposées pour servir de dépôt à la vaisselle des détenus : écuelles en terre, cuillers, fourchettes et gobelets d'étain.

Asphyxié par la fumée, quoique les vasistas fussent ouverts, je ne tarde pas à regagner la cour, où je trouve, causant amicalement avec un de mes compagnons de voyage, M. J..., notaire à Corbeil, lequel avait sans doute des intelligences dans la place. Il se mit gracieusement à notre disposition, et voulut bien se charger de commander notre dîner chez un restaurateur, dont il nous vanta beaucoup les talents culinaires.

Dès que M. J... fut sorti, deux autres visiteurs lui succédèrent : une dame aussi élégante que jolie, Mme L..., femme du procureur de la République de Corbeil, accompagnée de M. de B..., juge-suppléant.

L'empressement respectueux avec lequel furent accueillis les nouveaux venus, témoignait de l'estime et de la sympathie qu'ils avaient su inspirer aux détenus.

L'un et l'autre furent entourés et pressés de questions auxquelles ils répondirent avec une douceur et une bienveillance extrêmes.

Au milieu du groupe qui l'environnait, la charmante Mme L... m'apparut comme l'ange protecteur de la prison.

Depuis l'occupation allemande, les magistrats de Corbeil avaient fait preuve d'un dévouement admirable envers les prisonniers de guerre à qui ils servaient souvent d'intermédiaires auprès de l'autorité prussienne. Leurs visites étaient, en outre, l'occasion de nombreuses libéralités au profit des détenus malheureux.

En nous quittant, le juge confirma l'éloge que nous avait fait M. J..., de Barchet, le Véfour du lieu (1).

---

(1) Le *Petit Journal* du 25 mai 1871, imprimé alors à Corbeil, consacre à ce personnage une note suivie d'une longue pièce de vers ; je lui emprunte seulement la prose:

« M. Barchet est une célébrite culinaire de notre nouvelle « résidence. Il est quelque peu original et inégal, comme un « artiste qu'il est ; ne mange pas qui veut de la cuisine de M. « Barchet, car il est plein de caprices.

« Frédéric-Charles a voulu *l'attacher* à son service, mais « il n'a pu y réussir qu'en *l'attachant* aux barreaux d'une « chaise. »

Autres détails : On nous raconta que quelques jours avant notre arrivée à Corbeil, Barchet, à la suite d'une difficulté, à propos de chartreuse, avec des officiers prussiens, ses hôtes,

Evidemment ce n'est pas de ce fameux restaurant que sort le repas que je vois apporter aux prisonniers par un individu orné d'une barbe longue et touffue.

Le menu se compose d'une soupière d'eau chaude presque incolore, dans laquelle nagent à l'aise quelques tranches de pain bis; puis d'un plat de fer blanc sur lequel sont disposés symétriquement plusieurs morceaux de bœuf bouilli.

C'est l'ordinaire des détenus qui n'ont pas le moyen de faire venir leur nourriture du dehors.

Chacun prend une portion qu'il met dans son écuelle, et arrose ce frugal repas d'un peu de vin restant du déjeuner.

Dans une autre partie de la salle, un second groupe de prisonniers, à qui une planche soutenue par deux escabeaux sert de table, se partagent de substantiels comestibles, fournis par un charcutier de la localité.

Je vais profiter de ce moment pour présenter les différents convives au lecteur.

---

fut conduit à la prison, mais il ne s'en affecta guère, prévoyant bien que sa détention serait de courte durée, car les Allemands, amateurs de bonne chère, s'apercevraient bien vite de son absence à la cuisine et seraient plus punis que lui.

Le Vatel corbeillais n'avait pas trop présumé de son importance et de la gourmandise de ses pensionnaires. Le lendemain de son arrestation, il était rendu à la liberté et à ses fourneaux.

Premier groupe : Un soldat de l'armée de Metz, fait prisonnier et renvoyé d'abord dans ses foyers à cause d'une blessure à la main droite qui le rendait impropre au service, puis repris à Joinville-le-Pont, son pays natal, sous prétexte qu'il se trouvait trop près de Paris, et enfin condamné à la réclusion jusqu'à la paix. Tenue et toilette quelque peu négligées, figure énergique et intelligente, caractère résolu, type du troupier bon enfant.

Son voisin, grand et mince ; traits fins et réguliers. C'était un habitant de Montereau, arrêté à la suite de la malheureuse expédition de Grandpuits. Les Prussiens l'avaient plusieurs fois couché en joue en le menaçant de le fusiller. A peine guéri d'un terrible coup de baïonnette reçu dans les reins, il n'était sorti de l'hôpital que pour être incarcéré à Corbeil.

Le troisième convive attire particulièrement l'attention ; il a le crâne dénudé et porte une petite calotte qui lui couvre l'occiput. Aspect d'un zouave de contrebande. Sa face jaune et huileuse, n'a d'autre expression que celle d'une brute, et qui pis est, d'une brute méchante.

Ses vêtements sordides sont presque en guenilles ; quelques morceaux de toile de nuances variées, et imparfaitement cousus, lui tiennent lieu de pantalon. Ses pieds sont chaussés de mauvaises bottines éculées et sillonnées de crevasses.

Comment il s'appelle, ce qu'il est, d'où il vient? Mystère !...

On le nomme ici *le voleur*, voilà le seul renseignement que j'obtienne sur cet énigmatique personnage; mais ce renseignement a son importance.

Les propos que ces messieurs échangent entre eux, dénotent une éducation plus que négligée et une harmonie très-relative.

Je passe au second groupe, composé d'éléments plus aristocratiques : 1° un individu en blouse, coiffé d'une casquette plate, les dehors d'un cultivateur aisé, physionomie peu ouverte et peu sympathique.

C'est le maire de Lady, commune de Seine-et-Marne. Il a pour voisin l'adjoint au maire de Savigny-le-Temple; celui-ci est doué d'une figure plus franche et plus intelligente.

Ces deux magistrats municipaux sont emprisonnés pour avoir entretenu une correspondance avec leur supérieur légitime, le préfet de Seine-et-Marne. Cette correspondance, saisie par l'ennemi, contenait des renseignements constituant un acte de trahison aux yeux de l'autorité prussienne.

A côté d'eux, se trouve placé l'instituteur de Savigny, qui, en qualité de secrétaire de la mairie, partage le sort de son chef.

On devinerait sa profession, à sa tenue correcte et à son air un peu doctoral.

En vain il avait protesté, objectant qu'il n'était qu'un instrument passif et devait exécuter les ordres du maire ; son arrestation n'en fut pas moins maintenue.

Le quatrième commensal est un jeune homme blond, dont on remarque la mise soignée et presque élégante. Il a l'abord doux et prévenant. Ce sont aussi des correspondances qui ont conduit en prison M. Toquet, agent d'assurances à Melun. Il n'a rien écrit, mais il s'est gravement compromis en se chargeant, dans ses fréquentes tournées, de remettre à Corbeil et aux environs des lettres qui ont été surprises par les Prussiens.

Incarcéré depuis déjà plus d'un mois, M. Toquet savait qu'il était sérieusement menacé d'un internement en Prusse, comme châtiment de ses complaisances (1).

Maintenant, le lecteur ne sera peut-être pas fâché de faire connaissance avec le personnel domestique de la prison.

Il a déjà entrevu le cuisinier en chef apportant le dîner des détenus ; il me reste à compléter son signalement. Petit et trappu, yeux vifs et perçants, chevelure d'un noir d'ébène, sa barbe luxuriante se termine en pointe sur sa poitrine ; physionomie originale, d'une expression étrange.

---

(1) M. Toquet fut effectivement envoyé en Prusse, où il est mort, peu de temps après son internement à Mayence.

Il s'appelle Rousseau, son pays est Châteaudun, l'héroïque cité, où il exerce la profession de bourrelier. Il avait pris part à la défense de sa ville natale, et, comme tant d'autres de ses concitoyens, il était destiné à être transporté en Allemagne; mais il échappa, je ne sais comment, à cette mesure et fut simplement retenu à la prison de Corbeil, où l'on mit à contribution ses dispositions culinaires. L'emploi peu lucratif de cuisinier, lui procurait cependant quelques modestes bénéfices et une liberté relative.

Rousseau avait sous ses ordres un aide, fait prisonnier à Grandpuits; personnage peu sociable et peu intéressant.

Une dernière mention pour le porte-clefs : belle tête virile et martiale, l'apparence d'un sous-officier en bourgeois. N'ayant pu rester dans son domicile envahi par les Prussiens, lors de l'investissement de Paris, X... s'était trouvé réduit pour vivre, à accepter cet emploi, pour lequel il ne se sentait d'ailleurs aucune vocation.

A quatre heures et demie, la cloche sonna pour inviter les détenus à regagner leurs appartements respectifs. La clef grinça dans l'énorme serrure de notre cellule, les verroux furent brusquement poussés, et nous voilà séquestrés jusqu'au lendemain.

VII.

Après le départ du guichetier, nous nous regardâmes en silence; l'impression ressentie par tous, était la même sur la nouveauté et l'étrangeté de la situation.

La perspective d'habiter longtemps ce bouge ne souriait à personne; mais ce qui atténuait singulièrement le désagrément de la position, c'était de se trouver réunis et de pouvoir mettre en commun le fonds de philosophie que chacun possédait.

A côté de la porte, appliqué au mur, un bec d'huile, sorte de ver luisant fumeux, projetait dans l'ombre sa douteuse clarté; heureusement, nous avions pu nous procurer des bougies, qui remplacèrent avantageusement la triste veilleuse.

En attendant le dîner, l'écarté providentiel vint encore à notre secours pour occuper le temps qui commençait à nous sembler terriblement long. Six heures..., sept heures..., rien n'apparaît!

Les notables seraient-ils condamnés à renouveler entre eux les horreurs des naufragés du radeau de la *Méduse*?

Dieu soit loué! Cette dure extrémité leur sera encore épargnée aujourd'hui.

Il est près de huit heures, un bruit de pas se fait entendre dans le corridor, la porte s'ouvre lourdement, et livre passage au gardien-chef accompagné de deux garçons d'hôtel.

Une soupière, un plat contenant une vieille oie rôtie, deux assiettes, deux verres, même nombre de cuillers et de fourchettes ; voilà ce qu'exhibent à nos yeux attentifs les domestiques de Barchet.

— C'est tout ce que l'on peut vous donner ce soir, observa l'un des garçons répondant à notre air étonné ; les Prussiens qui regorgent à la maison sont fort exigeants : il faut d'abord les satisfaire ; demain on tâchera de mieux vous servir.

Nous nous inclinâmes devant cette explication.

Garnier ne parut pas fâché de notre déconvenue ; on pouvait traduire ainsi l'expression de sa figure : Voilà ce qu'on gagne à ne pas s'adresser directement au gardien plutôt qu'à des étrangers.

Moins favorisés que les rats de Lafontaine, ce ne fut pas sur un tapis de Turquie que

Le couvert se trouva mis,

mais sur une des couchettes huileuses dont j'ai décrit plus haut le répugnant aspect.

Une des couvertures de voyage remplaça le tapis oriental, et deux autres couchettes furent disposées à l'instar des antiques *triclinium*. A part cette similitude, ces siéges ignobles, de niveau avec la table, étaient fort défectueux.

La pénurie de la vaisselle en rendait l'usage

très-incommode, le même verre et la même assiette devant servir à trois personnes.

Mais chacun se prêta de bonne grâce à cette délicate situation, digne des âges primitifs.

La qualité des mets ne compensait pas le défaut de quantité. Le rôti laissait beaucoup à désirer, et le descendant des sauveurs du Capitole ne dut l'honneur qu'on lui fit en le mangeant, qu'à l'appétit féroce des convives.

A en juger par cet échantillon, la réputation de Barchet nous sembla quelque peu surfaite, mais il avait réclamé le bénéfice des circonstances atténuantes, que nous n'hésitâmes pas à lui accorder pour ce soir.

Après la desserte, reprise vigoureuse des parties de cartes, avec accompagnement de fumée de pipes et de cigares.

Le bruit des tambours vint, à neuf heures, faire diversion à cette monotone distraction.

C'était la retraite de la garnison bavaroise ; nous prêtons l'oreille. A un moment, les tambours cessent de battre : il y a évidemment une halte.

Pendant cette halte, la musique exécute à son tour un morceau d'un caractère plus sentimental que guerrier, et, en tout cas, fort différent de la fanfare sauvage dont les Silésiens nous ont si souvent déchiré les oreilles, alors qu'ils occupaient notre ville.

Les tambours se remettent en marche, et je profite d'un second arrêt, pour classer dans ma mémoire la mélodie bavaroise, afin de la noter à mon retour de captivité.

L'heure du repos était aussi arrivée pour nous, chacun prit ses dispositions et s'allongea tout habillé sur les dégoûtantes paillasses du garni.

Il me fallut encore renoncer au sommeil cette nuit, grâce à nos turbulents voisins. La cellule contiguë à la nôtre était habitée par les trois personnages au dîner desquels j'ai fait assister hier le lecteur, et par Nicolas et Toudy qu'on leur avait adjoints.

A partir de dix heures jusqu'au lendemain, ce fut un concert ininterrompu, et dont pas une note ne nous échappa, de chants obscènes et cyniques, de cris sauvages et de grossiers jurons.

Si on ajoute à ces causes d'insomnie les émanations nauséabondes du fétide baquet, on se convaincra que les notables de Provins n'étaient pas traités en sybarites à Corbeil.

Malgré cela, quelques ronflements accentués me prouvèrent que plusieurs de mes camarades de chambrée avaient fini par s'endormir.

A sept heures et demie, les vigoureux tintements de la cloche réveillèrent en sursaut les dormeurs : le jour commençait à poindre. Cette cloche extra-matinale me rappela celle que j'avais maudite bien des fois au collége, alors que plongé dans la béatitude d'un sommeil aussi profond qu'innocent, il fallait promptement déguerpir du lit pour préluder aux sévères travaux de la journée. Toutefois, le classique dortoir était plus confortable et plus spacieux que celui de la prison, lequel, au dire de mon compagnon l'architecte, mesure 3 m. 30 de large sur 4 m. 20 de long et 2 m. 30 de haut.

Cinq minutes après l'avertissement, le guichetier venait ouvrir les cellules et nous donner la liberté... de descendre dans la cour.

Les locataires de la cellule voisine nous y avaient déjà précédés; l'un d'eux s'occupait à bourrer le poële de rondins de bois, précaution commandée par la température qui s'était sensiblement abaissée depuis la veille.

Quelque temps après, nos co-détenus ruraux venaient nous rejoindre; ils s'empressaient d'autant moins, que leur chambre servant ordinairement d'infirmerie est favorisée d'un poële, et que, privilége inestimable ici, on y couche dans des draps.

On ne peut exiger d'un prisonnier, particulièrement à Corbeil, de grands frais de toilette; cependant, il y a de ces habitudes de propreté élémentaire auxquelles il est difficile de renoncer.

Le cabinet de toilette dont nous avons la libre

disposition, ne ressemble en rien à un boudoir et il est plus aéré qu'on ne le désirerait.

La pompe que j'avais omis dans mon inventaire descriptif, met à discrétion au service des captifs, une onde pure et surtout très-rafraîchissante.

Mais au moment de se livrer à des ablutions hygiéniques, la colonie provinoise éprouve un certain embarras, par suite de l'absence complète de serviettes.

Heureusement, l'un de nous possédait (*proh pudor*) une chemise qui lui avait été glissée providentiellement lors du départ. Ce vêtement intime, que les pudibonds Anglais évitent de nommer sans périphrase, remplit l'office de serviette pour les notables, qui, en reconnaissance, proposèrent de l'élever à la dignité de monument historique.

A huit heures et demie, apparaissent Rousseau et le guichetier apportant le déjeuner quotidien : même menu que le dîner. Ce premier repas est assaisonné de lazzis indécents et d'invectives réciproques qui menacent de dégénérer en voies de fait.

Suffisamment édifié, je rejoins mes camarades dans la cour, et nous essayons de réagir ensemble contre la rigueur du froid, en battant la semelle comme des écoliers.

Nous sommes surpris au milieu de ce salutaire

exercice par M. J. Garnot, notre compatriote, juge-suppléant à Corbeil, qui, à la nouvelle de notre incarcération, s'était empressé d'accourir auprès de nous. Comme ses collègues du tribunal, M. Garnot avait déployé un zèle des plus louables pour concourir au soulagement des victimes de la guerre. Nous profitons de ses offres amicales pour lui confier une pétition collective adressée au général de Gotsch, dans le but d'obtenir notre mise en liberté sur parole. M. Garnot s'engagea à la remettre personnellement entre les mains du général, et de l'appuyer autant qu'il lui serait possible.

La conduite de Garnier à l'égard de Toudy avait encore accru notre désir d'être affranchis de son autorité. Le malheureux facteur, tout ahuri à la suite de la nuit infernale qu'il avait passée dans la compagnie que l'on sait, s'était plaint d'être souffrant.

— On n'est pas malade ici, répondit durement le gardien-chef en lui tournant le dos.

La réponse était raide, mais peu consolante.

A déjeuner, nous constatons une certaine amélioration dans le service : on compte un verre pour deux, les assiettes et les couverts sont dans la même proportion.

Malgré ce progrès, Garnier s'apercevant qu'il existait encore quelques nuages dans notre satisfaction, jugea le moment opportun pour intervenir.

— Messieurs, fit-il de son air le plus gracieux, si vous voulez bien m'honorer de votre confiance, je me charge de vous procurer un restaurant dont vous serez contents : nourriture bonne et substantielle, vaisselle à discrétion, exactitude parfaite.

Accepté à l'unanimité.

Il ajouta avec componction :

— MM. les magistrats vous ayant adressés ailleurs, je ne me serais pas permis d'aller à l'encontre.

Nous retrouvons dans la cour nos compagnons de la cellule privilégiée, qui devenaient de plus en plus confiants avec nous. L'intimité s'établit vite entre captifs. Incarcérés depuis près d'un mois, ils aspiraient impatiemment au moment de leur liberté qu'on leur promettait toujours après chaque interrogatoire.

C'était à Saint-Germain que se faisait l'instruction, avec un appareil militaire de nature à frapper fortement l'imagination des prévenus et des témoins. Ces messieurs redoutaient beaucoup ces comparutions ; on les retenait quelquefois des journées entières.

Nous écoutions ces détails avec un intérêt marqué, quand le gardien-chef se montra, précédant un gendarme prussien, enveloppé de son grand manteau vert. Nos concitoyens n'ont pas oublié le costume de ces agents militaires, qui portent autour du cou l'emblême de leurs fonctions, sous la forme d'une chaîne de métal à laquelle est suspendue une large plaque numérotée.

— Toudy ! Nicolas ! Lesage ! exclama d'une voix glapissante Garnier, en déroulant une longue feuille de papier qu'il tenait à la main...... Vous allez monter là-haut, ajouta-t-il solennellement. Ce qui signifiait : Suivez ce gendarme pour vous rendre à Saint-Germain.

Cet incident produisit un certain émoi parmi nous. Il ne fallait pas se dissimuler que, malgré notre qualité d'otages, il pouvait prendre fantaisie à ces messieurs de nous interroger, sous prétexte de renseignements, et de chercher, selon l'expression vulgaire, à nous tirer les vers du nez. En prévision de cette éventualité, un plan de défense fut de suite concerté, de manière à nous tenir prêts à répondre uniformément aux questions qui pourraient nous être posées.

Celle que nous adressa Garnier augmenta encore nos préoccupations.

— Quel crime a donc commis le facteur de pianos? Le gendarme portait un dossier formidable concernant votre compatriote.

Nous ne savions que répondre.

Rien à noter jusqu'à l'heure du dîner ; le chauffoir est inabordable pour les gens pacifiques, les altercations et les scènes scandaleuses s'y renouvelant à chaque minute.

En traversant la cour pour regagner le dortoir, nous sommes apostrophés par les prisonniers prussiens, qui ne nous traitent aucunement en frères d'infortune.

Collés aux barreaux de leurs fenêtres : — Franchous! canailles! capout! hurlent-ils férocement.

Capout, affreux barbarisme français-latin qui, pour le Tudesque ignorant notre langue, est synonime de mort et de destruction; il l'applique indifféremment aux êtres comme aux choses. Un homme tué : capout; une maison qui s'écroule capout; une fleur cueillie, un vase brisé : capout toujours capout!

Cette locution hybride tient lieu à l'Allemand illettré des phrases les plus compliquées.

A l'heure ponctuelle, le dîner paraît; les marmitons de la veille sont agréablement remplacés par un personnel féminin. L'hôtesse, jeune et avenante, accompagne ses domestiques et ne se retire qu'après s'être assurée que rien ne nous manquait

En résumé : plats copieux et appétissants, vin très-potable, vaisselle suffisante, serviettes d'une entière blancheur; c'était presque un festin de Balthazar : Barchet se trouvait distancé d'une façon humiliante pour son amour-propre.

— Vous voyez que je ne vous ai pas trompés s'écria triomphalement Garnier.

Nous profitâmes de ses bonnes dispositions pour

obtenir qu'il nous laissât communiquer avec nos co-détenus à leur retour de Saint-Germain.

Ils ne revinrent qu'à huit heures : nous les attendions avec une impatience mêlée d'inquiétude.

VIII.

Nous les invitâmes d'abord à se réconforter, convaincus qu'ils devaient en éprouver un sérieux besoin à cette heure avancée. Mais Toudy, encore sous le coup d'une vive émotion, déclara n'avoir aucun appétit pour le moment.

Une fois remis de son trouble, il nous raconta en détail ses impressions de la journée. De cet intéressant récit, que j'aurais voulu pouvoir sténographier, je me bornerai à reproduire les particularités les plus saillantes.

Pendant de longues heures, soumis à une véritable torture morale, circonvenu de toute façon, pressé de questions les plus captieuses, Toudy avait su se tirer avec autant d'intelligence que d'habileté, des piéges tendus à son honnêteté.

L'accusation, accusation capitale, qui pesait sur lui, était d'avoir entretenu des relations avec les prisonniers de l'ambulance, dans le but de surprendre les secrets des opérations de l'armée allemande, pour les livrer ensuite au *commandant de place*. C'est sous ce titre que l'ennemi désignait le procureur de la République de Provins.

Selon l'inculpation, Toudy n'allait à l'ambulance que pour y faire le métier d'espion.

Il exposa que, voisin de cet établissement, et parlant la langue allemande, on l'envoyait chercher à chaque instant pour servir d'interprète au médecin qui soignait les malades, au procureur de la République et aux membres de l'administration chargé de veiller à l'entretien des prisonniers. Notre compatriote s'efforça de démontrer que son intervention était toute officieuse et purement humanitaire qu'on le dérangeait sans cesse, au grand préjudice de ses occupations.

Il ajouta que parmi les blessés (qui, par parenthèse, étaient fort bien traités), l'un d'eux, jeune étudiant, appartenant à une bonne famille, lui avait inspiré un intérêt réel, et qu'il s'y était surtout attaché en songeant à ses fils à lui, qui, soldats aussi, se trouvaient exposés aux mêmes vicissitudes.

— Tous les matins, dit-il, et cela malgré le peu de ressources dont je pouvais disposer, je portais à ce jeune homme, encore un enfant, quelques *douceurs* : sucre, chocolat, etc.

Cette déclaration naïve parut émouvoir l'*auditeur de justice*, dénomination appliquée en Allemagne aux juges d'instruction ; il fit comparaître un de prisonniers de l'ambulance amenés à Corbeil avec nous. Celui-ci, confronté avec le facteur de pianos, confirma l'exactitude de ses allégations.

Les questions les plus pressantes furent adressées à notre concitoyen sur les francs-tireurs, l'administration municipale, le procureur, la garde nationale, etc.; il montra dans toutes ses réponses une réserve et une prudence extrêmes, se retranchant presque toujours dans son ignorance.

— Vous ne pouvez nier, cependant, qu'il se soit introduit à l'ambulance des hommes armés, proférant des injures et des menaces contre nos soldats blessés?

Toudy assura que l'administration ne s'était pas bornée à déplorer et à blâmer sévèrement cette manifestation coupable, mais que l'un des auteurs, déféré au conseil de discipline de la garde nationale, avait été condamné à la prison, malgré l'état d'ivresse invoqué par lui comme excuse.

Des prisonniers de Bouchy ayant rapporté qu'ils entendaient souvent faire l'exercice dans les environs de l'ambulance; le facteur expliqua que la garde nationale désarmée avait continué de fonctionner pour assurer le maintien de l'ordre, et que d'inoffensifs bâtons, substitués aux fusils, suffisaient à cette tâche.

Après son interrogatoire, le prévenu reçut de

l'auditeur de justice des félicitations pour sa con duite envers les blessés allemands.

— Vous venez, s'écria-t-il, de rendre un gran service à la ville de Provins et de lui épargne d'être sévèrement châtiée. Sans vous, sans vo déclarations, dont j'admets la sincérité, votre pay se trouvait menacé des mesures les plus graves dont la moindre était l'envoi d'une forte garniso allemande.

Le procès-verbal signé, Toudy, encouragé par l bienveillance du juge, contre les formes insinuante duquel il avait eu à se défendre, demanda son élar gissement immédiat.

— Ma femme et mes enfants doivent être dan une inquiétude affreuse, dit-il ; il me tarde d'alle les rassurer.

Mais la justice prussienne n'est pas aussi expé ditive. On tenait d'ailleurs à garder ce malheureux duquel on espérait obtenir des renseignements plu ou moins compromettants sur les personnes et le faits. Car, contrairement à cette croyance généra lement accréditée, que nous étions entourés d'e pions renseignant l'ennemi ; celui-ci était fort pe ou fort mal informé, quand il l'était, par ces pré tendus espions.

— Je ne puis satisfaire de suite à votre légitim désir, observa l'auditeur, il faut que votre dossie soit examiné à Versailles ; mais aussitôt qu'il m'au ra été retourné, vous serez mis en liberté. Quant à votre femme, le télégraphe ne communiquant pas avec Provins, je dois renoncer à ce moyen pour lui faire parvenir de vos nouvelles, mais elle en recevra par l'estaffette que je m'engage à lui envoyer.

Toudy ayant témoigné combien il lui répugnait de rentrer dans la cellule où il était renfermé, le magistrat promit de donner des ordres pour l'en faire changer.

Le tondeur de chevaux, Nicolas, interrogé à son tour, eut à donner des explications sur le cheval prussien qu'il montait lors de son arrestation. Il fit d'abord observer qu'il n'était que domestique.

— Mais pourquoi vous sauviez-vous sur la route?...

— J'allais conduire la bête à un moulin des environs, répondit le rusé compère.

Quant à Lesage, il devait sa détention aux faits qui s'étaient passés à la ferme de Bois-Bourdin. Cette échauffourée, de sanglante mémoire, remontait aux premiers jours d'octobre, et serait probablement restée ignorée de l'ennemi, comme je l'ai dit plus haut, sans les rapports du blessé emmené de l'Hôtel-Dieu, le 17 décembre. Les Allemands n'en connaissaient d'ailleurs que très-imparfaitement les détails.

Lesage exposa que l'action du drame nocturne s'était dénouée à la ferme de Bois-Bourdin; que lui, habitait Marolles, c'est-à-dire à une distance de plus d'un kilomètre. Il affirma n'avoir rien vu, rien entendu.

Ce premier interrogatoire terminé, les accusés furent renvoyés à la prison sous l'escorte d'un gendarme.

En définitive, ils rentraient chacun avec des impressions assez différentes : Toudy, plein de confiance, presque joyeux ; Nicolas, fort insoucieux de l'avenir, et Lesage, sérieusement inquiet et préoccupé.

Nous recueillîmes encore quelques particularités intéressantes sur la mise en scène du tribunal militaire de Saint-Germain, et entr'autres celle-ci : le juge d'instruction est assisté d'un secrétaire, tous deux sont en uniforme, ainsi qu'un troisième personnage, caché dans l'ombre, dont le rôle consiste à étudier la physionomie des prévenus ou des témoins, et à noter les émotions qui peuvent s'y trahir.

Pendant que Garnier réintégrait nos deux compatriotes dans leur cellule, M. de B... venait nous annoncer qu'il avait vu l'après-midi le général de Gotsch. De son entretien avec lui, il ressortait que les dispositions à notre égard étaient assez favorables ; notre situation semblait à M. de B... fort améliorée. Nous en conclûmes que la pétition collective des otages avait de grandes chances de succès.

La retraite bavaroise entraîna celle de l'aimable magistrat, dont les paroles rapprochées de celles de Toudy, et la tranquillité relative du dortoir voisin, contribuèrent à me procurer un sommeil moins agité que celui des nuits précédentes.

J'allais oublier cet incident que, dans la soirée, le docteur Chevalier fut mandé pour visiter l'aide-cuisinier, qui se plaignait de violents accès de fièvre. J'ignore combien de temps dura sa maladie, mais l'auxiliaire de Rousseau n'était pas un artiste de la force de Barchet, et je doute beaucoup que son absence ait causé un grand vide à la cuisine de la prison.

Pendant la nuit, le froid s'était encore élevé, et le matin, quand nous descendîmes dans la cour, le thermomètre devait marquer un certain nombre de degrés au-dessous de zéro. De minces flocons de neige voltigeaient, chassés en tous sens par une bise glaciale; la pompe, dont l'eau était gelée ne fonctionnait plus. Il fallut imprimer à notre promenade matinale une vigoureuse accélération pour ramener le calorique dans nos membres engourdis.

Quatre heures consécutives d'un pareil exercice, finissent par produire un résultat presque infaillible. Le spectateur qui nous eut contemplés exécutant ce pas gymnastique dans un si petit espace, eut pu nous comparer à certains pensionnaires du Jardin des Plantes. D'après le calcul de mes savants compagnons, nous fîmes ainsi plus de quatre lieues.

La conséquence la plus appréciable de ce voyage *intra muros* fut de doubler l'appétit pour le déjeuner.

L'intelligente hôtesse, qui tenait à s'assurer complétement notre conquête, ayant compris combien il nous serait agréable et précieux de connaître des nouvelles du dehors, avait enveloppé quelques comestibles avec les journaux les plus récents. Malheureusement, celles qu'ils nous apportaient n'étaient ni favorables ni encourageantes. On y lisait, par exemple, d'affligeants détails sur l'entrée des Prussiens à Rouen et sur les combats aussi glorieux que désastreux de Vendôme.

Notre lecture est interrompue par des vociférations adressées de la cour voisine, réservée aux détenus allemands. L'épithète de cosaques dominait dans ce débordement d'injures. Et à propos de cette qualification surannée, il me semble qu'elle n'est plus en rapport avec les temps et les circonstances. On peut, en effet, se demander en quoi les Cosaques légendaires se sont montrés plus sauvages chez nous que les Prussiens, si ce n'est que les premiers avaient un goût tout spécial pour les chandelles, considérées au point de vue de l'alimentation.

Malgré l'intervention de Rousseau et des gar

diens, qui cherchaient à le calmer, la rage de ce possédé ne faisait que s'exalter, et ses menaces s'accentuaient de plus en plus.

Informations prises, nous sûmes que l'auteur de ce scandale était un prisonnier qui avait remplacé momentanément l'aide-cuisinier malade.

Nous nous étions déjà aperçus, à quelques parolés incohérentes, que le cerveau de cet individu n'était pas parfaitement sain. Mais son état d'ivresse avait pris des proportions effroyables, par suite de l'ingestion d'une bouteille d'eau-de-vie, dont il s'était emparé dans notre cellule, où nous l'avions imprudemment laissée.

On ne vint à bout de ce forcené qu'en le garottant et en l'enfermant à double tour.

Il est une heure, Garnier, accompagné d'un gendarme, se présente dans la cour; il tient un papier à la main et, après l'avoir déployé lentement, il appelle successivement les cinq otages provinois.

Plus de doute, c'est une comparution à Saint-Germain; voilà nos appréciations confirmées; soyons fermes et dignes.

Nous suivons le gardien-chef qui nous fait passer dans la petite pièce du rez-de-chaussée servant de parloir.

Quelle surprise et quelle joie, en apercevant nos collègues et amis, MM. Bourgeat et Michaud, qui nous y attendaient ! Les visages s'épanouissent, les mains se serrent avec effusion, les questions se pressent et se croisent en même temps que les réponses.

Dans le libre cours donné à nos épanchements, nous n'avions pas pris garde à la présence de l'*étapen commando* qui accompagnait ces messieurs et assistait à cette scène intime, en observateur muet.

— Nous arrivons de Coulommiers où nous pensions vous trouver, dirent nos collègues ; nous quittons à l'instant le général de Gotsch avec lequel nous avons rendez-vous, à Saint-Germain, à deux heures. Nous espérons bien vous faire mettre en liberté tantôt et vous ramener ce soir.

Nous pensâmes tout naturellement que nos amis ne montraient cette confiance que parce qu'ils apportaient la rançon.

Ayant induit des dispositions manifestées la veille par le général, que la somme totale ne serait peut-être pas exigée, nous essayâmes de l'insinuer *mezzo voce* à nos amis, en les engageant à marchander et à temporiser.

Mais l'argus prussien ne nous perdait pas de vue, il intervint tout à coup, au moment où nous nous laissions entraîner à des confidences imprudentes, au milieu desquelles les noms des visiteurs de la prison avaient été malheureusement prononcés.

— Messieurs, fit-il d'un ton sec, il vous est interdit de causer à voix basse ; je dois entendre ici tout ce que vous dites. Au surplus, la conversation a suffisamment duré : il est temps d'y mettre fin et de vous séparer.

Ce congé en bonne forme n'admettait aucune réplique.

En nous quittant, MM. Bourgeat et Michaud promirent de venir nous rendre compte aussi tôt que possible de leur entrevue à Saint-Germain.

IX.

Le commandant resta seul avec nous ; après quelques instants de silence :

— Vous êtes M. B......... ? me dit-il en se tournant brusquement vers moi.

Sur ma réponse affirmative; c'est bien, fit-il sans rien ajouter, puis il ébaucha un salut, et nous retournâmes dans la cour.

Cette apostrophe directe et personnelle faite à brûle pourpoint, ne laissa pas, je l'avoue, que de m'intriguer quelque peu. Etaient-ce les fonctions d'adjoint au maire que j'avais alors l'honneur de remplir, qui me valaient cette interpellation ? A quel signe le commandant avait-il pu reconnaître mon individualité?

Maintenant, prétendrait-on me retenir seul, sous ce prétexte spécieux, que plus que mes collègues, je devais être initié aux secrets de l'administration municipale? Ces questions s'imposaient avec obstination à mon esprit dérouté.

J'allai chercher une diversion au chauffoir où régnait alors un calme insolite. Dans une partie de la pièce, le groupe rural se livrait paisiblement à la lecture d'un journal ; un peu plus loin, l'instituteur fidèle à ses habitudes professionnelles, donnait des leçons de français et de calcul au soldat de Metz, qui les suivait avec une parfaite docilité; le prisonnier de Grandpuits fumait silencieusement sa pipe, et le *voleur* dormait.

La voix courroucée du geolier me rappella dans la cour ; Garnier, la figure bouleversée, faisait en ce moment une vive algarade à mes amis rassemblés autour de lui.

Comment avez-vous pu commettre une pareille imprudence, disait-il en s'animant de plus en plus, vous venez de me compromettre gravement, ainsi que les personnes dont vous receviez les visites et qui ne pénétraient ici que grâce à ma complaisance!

Vos indiscrétions du parloir m'exposent à perdre ma place. Le commandant a tout entendu.

Votre légèreté est inexcusable.

Nous courbâmes la tête sous ces reproches mérités.

La journée s'écoula lentement dans des alternatives d'espérance et de crainte, sur le résultat de la conférence de Saint-Germain. Nous guettions anxieusement le retour de nos négociateurs, qui ne reparurent que fort tard dans la soirée.

L'expression de leurs physionomies n'annonçait rien de favorable; ils ne s'étaient que trop bien conformés au conseil patriotique que nous leur avions donné, de marchander notre liberté.

Les efforts de leur diplomatie s'étaient brisés devant une résistance inflexible. Le général et le juge d'instruction, pleins d'urbanité le matin, avaient montré beaucoup de réserve à la seconde entrevue. Leur froideur s'était surtout accentuée à partir du moment où les délégués avaient fait entendre qu'ils ne possédaient pas la somme réclamée, comptant bien qu'après leurs observations, elle ne serait pas exigée dans son intégralité.

Les récriminations les plus passionnées contre la ville furent alors reproduites avec insistance par l'autorité de Saint-Germain, qui appuya principalement sur le grief d'avoir gardé des prisonniers allemands à Provins.

Nos avocats opposèrent à ces imputations les arguments les plus propres à défendre et à gagner notre cause.

Finalement, le général de Gotsh déclara ne pouvoir consentir à une réduction quelconque de l'amende; il offrit d'ailleurs d'envoyer de suite un télégramme au préfet de Seine-et-Marne, généra comte de Furtenstein, pour demander avis à ce sujet.

Au bout de quelques heures d'attente, la répons au télégramme n'arrivant pas, ces Messieurs, d'a près le conseil du général, prirent la résolution d'aller eux-mêmes voir le préfet, et de partir le soi pour Melun.

Notre curiosité satisfaite sur les points qui nou intéressaient plus directement et plus immédiate ment, il nous restait à connaître les détails rétros pectifs de ce qui s'était passé à Provins depui notre départ.

Nos collègues nous firent assister à la réunion où les membres de la municipalité joints aux habi- tants les plus imposés, avaient décidé le paiemen de la rançon.

A cette séance émouvante, d'éloquents témoi- gnages de sympathie s'étaient produits. Plusieurs orateurs obéissant à l'élan de leur cœur, avaien fait entendre les paroles les plus touchantes et le plus patriotiques.

L'assemblée entraînée, se prononça unanime- ment pour le rachat des otages, et en quelques minutes, les 20,000 francs furent souscrits.

Je suis heureux de saisir aujourd'hui l'occasion qui me permet au nom de mes compagnons de captivité et au mien, de remercier ici les auteurs de ces précieuses marques d'intérêt.

A l'issue de ce vote, MM. Bourgeat et Michaud furent désignés pour porter l'argent ; le maire malade n'avait pu se joindre à eux.

Ils se rendirent d'abord à Coulommiers où ils pensaient nous trouver et où ils eurent une audience du colonel Seuber, qui se montra à leur égard d'une insolence et d'une grossièreté inimaginables.

Le mot de diminution le fit bondir de fureur :

— Dépêchez-vous de payer les 20,000 francs ou je vous impose de 50,000.... Vous m'avez trompé à Provins, je sais qu'il y a eu une *licitation publique* de chevaux !....

— Osez le nier maintenant, ajouta-t-il avec une exaspération croissante ?

Les délégués ayant hasardé quelques paroles en faveur de Toudy, dont ils ne s'expliquaient pas l'arrestation :

— Toudy est un misérable, Toudy sera fusillé !

En prononçant ces mots, les yeux du colonel étincelaient. Il était arrivé au paroxysme de la colère. Toute insistance devenait inutile et dangereuse. Nos collègues craignirent un instant de voir leur rôle interverti, et d'être à leur tour retenus comme otages. Aucune considération n'eût arrêté cet homme implacable !

Ils se retirèrent sans avoir reçu de l'officier Wurtembergeois la moindre politesse, pas même l'offre d'un siége.

C'est à la suite de cette scène, que MM. Bourgeat et Michaud s'étaient empressés de venir à Corbeil.

En nous faisant leurs adieux, ils témoignèrent un regret d'autant plus vif de ne pas nous emmener avec eux, qu'ils nous trouvaient décidément assez mal logés.

Garnier était de mauvaise humeur ce soir ; à une question de l'hôtesse qui demandait si nous manquions de quelque chose pour le dîner :

— Ils ont ce qu'il leur faut, dit-il d'un ton rogue.

L'éternelle partie de cartes eut moins de succès que d'habitude, les joueurs étaient moroses, une vague impression de tristesse s'était répandue dans la cellule.

La commission municipale des travaux communaux, dont mes compagnons faisaient partie, ajourna encore la rédaction définitive du rapport qu'elle élaborait sur la reconstruction de la maison d'école, question importante qui les préoccupait alors particulièrement. Les otages n'oubliaient pas en prison le mandat dont ils étaient investis par la confiance publique.

La nuit ne fut troublée par aucun incident notable. Le lendemain matin, la température ne s'était pas modifiée ; je fis une station plus prolongée au chauffoir où, comme toujours, il y avait plus de fumée que de chaleur.

J'assistai à une nouvelle et dernière visite de Mme L... et de M. de B.... Ils apportaient des provisions de sucre, de chocolat, de cigares et même de menues fournitures de bureau, acceptées avec reconnaissance par les prisonniers, à qui elles étaient destinées.

Le *voleur* sollicita de la générosité de Mme L... un pantalon ; la demande était peut-être indiscrète, mais le besoin de ce vêtement se faisait impérieusement sentir, ne fut-ce qu'au point de vue de la décence la plus élémentaire ; encore un peu, et il ne serait rien resté de cet assemblage hétéroclite de haillons.

Dans le cours de cette visite, le juge suppléant fit une enquête minutieuse sur le régime alimentaire de la prison. Il résulta de ses investigations, que des rations de café et de pain blanc devaient être distribuées chaque jour aux détenus par l'intermédiaire du gardien chef, et cela aux frais de la ville.

Or, le pain, ainsi que nous pûmes le témoigner *de visu*, n'était rien moins que blanc, et le café, au dire des intéressés, n'avait jamais paru que le dimanche. La municipalité de Corbeil et les prisonniers se trouvaient donc victimes d'une fraude. Quel était le coupable ?

Le geôlier nous parut fortement compromis dans cette affaire ; ses supérieurs avaient eu du reste maintes fois l'occasion de se plaindre de son service et de le rappeler à l'ordre ; mais Garnier, à la veille de sa retraite, ne devait le maintien de ses fonctions qu'à cette considération.

Cependant, si aujourd'hui sa culpabilité était prouvée, cet homme ne méritait plus aucune indulgence.

M. de B... et Mme L... se retirèrent, emportant encore les remerciements et les bénédictions de leurs protégés.

Les visiteurs à peine sortis, un nouveau prisonnier entra dans le chauffoir. C'était un paysan des environs de Corbeil qui venait d'être arrêté au moment où il cheminait tranquillement, monté sur un cheval prussien. Bien qu'il eut affirmé et offert de donner des preuves que l'animal lui appartenait, l'ayant acheté régulièrement à un soldat de la garnison allemande ; on l'avait appréhendé et conduit à la prison. Le brave homme désolé, se lamentait et faisait entendre d'énergiques imprécations.

A midi, apparition de Garnier suivi de l'inévitable gendarme, appel du maire, de l'adjoint et de l'instituteur, pour se rendre à l'instruction.

Toudy profita de la présence du gendarme pour se plaindre à lui, de l'inexécution des ordres du juge d'instruction, relativement à sa translation dans une autre cellule. Le geôlier soupçonnant qu'il était mis en cause par le facteur de pianos, lui lança un regard haineux et vindicatif.

Ce pauvre Toudy, depuis qu'il avait eu connaissance de la scène de Coulommiers, se trouvait repris d'une indicible terreur ; il était tombé dans un état d'accablement et de prostration complètes. La pensée du supplice qui l'attendait, au dire du colonel Seuber, ne cessait de le poursuivre. En vain, on lui objectait qu'il ne devait plus rien redouter après son interrogatoire de Saint-Germain, on ne pouvait l'arracher à cette idée fixe.

Le passage suivant, emprunté à une publication récente, explique assez bien les émotions ressenties par notre compatriote. « Fusillé ! Ecrit, ce mot « ressemble peut-être à un autre, mais quand on « se le prononce et qu'on se l'applique, il revêt « tout de suite une tournure assez effrayante. »

Que veut encore Garnier flanqué du militaire à la chaîne de cuivre et au casque pointu ?

C'est de nous qu'il s'agit cette fois : Vous allez *monter là-haut*.... Ici le geôlier fit une pause observant sur nos physionomies l'effet de son jeu de mots, car c'était un jeu de mots. Puis il continua....
— Pour chercher les effets qui sont dans votre chambre. Les Messieurs de Provins sont là....

Nous ne fîmes qu'un bond jusqu'à la cellule, et un instant après, nous rejoignions nos compatriotes qui apportaient l'ordre de notre mise en liberté immédiate.

Un sentiment de pénible tristesse vint troubler notre premier mouvement de joie, en apprenant que Toudy, Nicolas et Lesage, n'étaient pas compris dans cette mesure, malgré les efforts de MM. Bourgeat et Michaud, à qui on avait assuré que l'accomplissement de certaines formalités retardait seul leur élargissement.

Ce devait être l'affaire d'un ou deux jours, selon le juge d'instruction. Nos malheureux concitoyens restèrent encore près de trois semaines sous les verroux ; nous les quittâmes avec un vif chagrin, chargés de nombreuses et touchantes recommandations pour leurs familles (1).

---

(1) Nos trois compatriotes Toudy, Nicolas et Lesage ne furent rendus à la liberté que le 7 janvier 1871. Peu de temps après notre départ de Corbeil, ils avaient été transférés dans la cellule évacuée par le maire de Lady et son collègue de Savigny. C'est dans cette même cellule, qu'avant son internement en Prusse, fut enfermé en même temps que Toudy et ses compagnons, M. Voisin, procureur de la République à Melun, aujourd'hui notre député à l'Assemblée nationale.

Le personnel des employés de la prison n'avait pas tardé à être remplacé par des gardiens militaires, un sous-officier prussien remplissait les fonctions de Garnier. A compter de ce moment, aucun visiteur ne pénétrait dans la maison d'arrêt, la surveillance étant devenue des plus rigoureuses.

Toudy reparut plusieurs fois à l'instruction de St-Germain

Nous reçûmes les adieux de Rousseau, du porte-clefs et du cauteleux Garnier, qui, flairant une gratification des moins méritées, se confondit en politesses obséquieuses, s'excusant de n'avoir pu nous traiter aussi bien qu'il l'eût désiré.

Nous nous montrâmes peu sensibles à ses démonstrations hypocrites, et l'adieu que nous lui adressâmes pouvait se formuler ainsi : Au plaisir de ne jamais vous revoir, vous et votre établissement !

---

mais à l'auditeur prussien avait succédé un colonel bavarois, et autant les formes du premier étaient douces et polies, autant celles de son successeur étaient dures et brutales. Tandis que l'un procédait par insinuation, l'autre employait l'intimidation et la menace, pour arracher des aveux et des délations à notre compatriote, qui resta constamment inébranlable dans son mutisme. Enfin, l'autorité inquisitoriale de St-Germain à bout de manœuvres inutiles, se décida à le relâcher.

Revenu à Provins, malade, exténué de fatigues et brisé d'émotions, il dut garder pendant plusieurs jours le lit avec une fièvre intense; les hallucinations de son cerveau en délire, lui représentaient sans cesse l'image de ses bourreaux, s'acharnant à le torturer.

Dans sa séance du 8 janvier 1871, le Conseil municipal de Provins prit une délibération, aux termes de laquelle des remercîments furent votés à Toudy, en témoignage des services rendus par lui à l'ambulance, services qui avaient évidemment amené son incarcération. Le Conseil vota en même temps une allocation pour indemniser le facteur de pianos du préjudice porté à ses intérêts par trois semaines d'une pénible et injuste détention.

Le gendarme appela une dernière fois nos noms, la porte de la prison s'ouvrit, et nous pûmes enfin remplir nos poumons de l'air pur et sain du dehors.

X.

Retour à Provins. — Epilogue.

Il est près de cinq heures, il ne s'agit plus que de se procurer les sauf-conduits indispensables pour circuler sans être inquiétés. Nous nous rendons en compagnie de l'agent prussien à l'habitation du commandant d'étape qui nous accueille avec un visage presque gracieux. Après avoir traversé une première pièce occupée par les bureaux où travaillent une douzaine d'employés militaires, nous sommes introduits dans un vaste salon élégamment meublé, et décoré de tableaux dont je n'eus pas le temps d'apprécier le mérite. Un feu à rôtir tout un régiment de Prussiens, flambait dans la cheminée ; plusieurs officiers nous invitent fort poliment à nous réchauffer, en attendant la signature de nos laissez-passer.

Notre position régularisée, on nous reconduit à la porte avec toutes sortes d'égards. Le versement des 20,000 francs avait opéré chez nos ennemis un changement de procédés très-appréciable ; on nous traitait maintenant avec une certaine considération, encore un peu, et on nous aurait presque fait des excuses.

Nous nous croisons dans la rue avec un convoi énorme de prisonniers militaires français, flanqués à droite et à gauche, de fantassins bavarois et de cuirassiers blancs. Les bavarois repoussaient durement et impitoyablement les personnes charitables qui, sur le passage, s'avançaient pour distribuer des vivres et du vin à nos malheureux compatriotes.

Du milieu de la foule, on jetait des morceaux de pain que les prisonniers s'efforçaient de saisir. Ces pauvres gens arrivaient de Vendôme, où de l'aveu des Prussiens, ils s'étaient bravement comportés. Dans la journée, l'ennemi avait fait afficher sur les murs de Corbeil, la nouvelle de la prise de Bourges; nouvelle absolument fausse: mais un mensonge de plus ou de moins coûtait peu à la conscience des envahisseurs. Puis c'était encore un moyen de démoraliser les populations et de décourager leurs efforts patriotiques.

Après délibération, il fut décidé que l'on irait souper et coucher à Melun; le séjour de Corbeil nous pesait et nous avions hâte de quitter cette trop hospitalière cité.

En remerciant notre gentille hôtesse de l'intérêt qu'elle nous avait témoigné, nous fîmes ajouter sur la note, le dîner commandé le matin et que nous étions heureux de payer sans l'avoir consommé. Je promis ma clientèle à l'hôtelière, dans le cas où j'aurais l'occasion de retourner à Corbeil.

Nous venions de nous acquitter de nos devoirs de reconnaissance envers nos visiteurs de la prison, quand, à notre grande surprise, nous aperçûmes au détour d'une rue, le maire de Lady, l'adjoint et l'instituteur de Savigny, qui circulaient sans le moindre gendarme aux côtés. Nos co-détenus avaient enfin été mis en liberté à la suite d'un dernier interrogatoire, et s'occupaient joyeusement des préparatifs de leur départ.

Après l'échange de congratulations réciproques, nous nous dirigeâmes vers les voitures qui devaient nous transporter à Melun.

Il était huit heures environ, lorsque nous quittâmes Corbeil, par une nuit sombre et glaciale.

Pendant le trajet, nos collègues nous racontèrent les péripéties par lesquelles il leur avait fallu passer, avant d'obtenir notre libération.

Ils avaient couché la veille à Melun et s'étaient présentés le lendemain matin à la préfecture, où en l'absence du préfet, absence plus ou moins réelle, ils avaient été reçus par le secrétaire.

Celui-ci, ayant pris connaissance d'une lettre que ces Messieurs lui remirent de la part du général de Gotsch, déclara n'avoir pas qualité pour se prononcer dans la question : Vous pourriez peut-être tenter une démarche auprès du gouvernement de Reims, ajouta-t-il ; mais je doute beaucoup que vous réussissiez, et en vous adressant à une juridiction supérieure, vous vous exposez au même résultat négatif.

A l'issue de cet entretien, les délégués jugèrent sagement qu'il fallait s'exécuter et se résigner à payer sans retard ; de nouveaux atermoiements et de nouvelles tentatives ne devant aboutir qu'à prolonger inutilement notre séquestration.

De retour à Saint-Germain, nos libérateurs se présentèrent aussitôt au général de Gotsch, qui les reçut d'abord avec une certaine bonhomie.

— Il fait bien froid aujourd'hui, débuta l'excellent général ;... vous avez dû faire un voyage bien pénible par cette température.... Je vous plains beaucoup.... Puis changeant brusquement de sujet : Avez-vous la somme ?

— Oui, général.

— Toute la somme ? continua-t-il en scandan lentement chaque syllabe. Même affirmation.

— Eh bien, veuillez m'accompagner.

Il se leva suivi de nos compatriotes qui traversèrent avec lui une partie de la ville, jusqu'à une maison située dans un quartier éloigné, où se trouvait la caisse militaire.

Là, aidé d'un commis de bureau, le vieux général se mit à compter avec autant de lenteur que de minutie, la *somme* composée de billets de banque français et allemands. Ces derniers qui formaien plus des deux tiers du quantum versé, donnèren lieu plus tard à un petit incident que je rapporterai plus loin. Ils provenaient tous et exclusivement des commerçants de Coulommiers qui, par l'intervention du maire, avaient obtenu de MM. Bourgeat et Michaud, d'échanger le papier allemand dont on était alors inondé dans les pays occupés, contre les billets de banque français emportés de Provins.

La vérification dura d'interminables heures, il ne manquait plus au total qu'un complément de 15 centimes, lesquels furent intégralement payés sur la réclamation du général, qui délivra enfin la quittance et le permis d'élargissement....

Nous écoutions encore ces intéressants détails, que déjà les voitures étaient arrivées à Melun, sans avoir rencontré le moindre obstacle. Nous fîmes honneur au souper commandé à l'hôtel de *la Crosse*, où se trouvaient en ce moment plus de Prussiens qu'on en eût souhaité. Mais en revanche, nous reçûmes au dessert la visite amicale de l'honorable maire de Coulommiers, appelé à Melun par des affaires administratives.

Au café, où se termina la soirée, nous fûmes entourés par les consommateurs, qui nous questionnèrent sur les particularités de notre odyssée.

Rentré à l'hôtel, j'éprouvai un soulagement inexprimable, de pouvoir dormir sans mes bottes, satisfaction que je n'avais pas goûtée depuis cinq nuits.

Le lendemain matin, par un soleil radieux et un

froid de 13 degrés, nous quittions le chef-lieu de Seine-et-Marne, et à midi, nous déjeunions à Nangis, à *l'Hôtel du Dauphin.*

Comme je contemplais avec un intérêt purement archéologique, les restes imposants du château des anciens comtes; j'aperçus un individu qui paraissait m'examiner en y mettant une certaine obstination.

Ce Monsieur me prend peut-être pour un espion, pensai-je ; encore un nouveau chapitre à ajouter à mes impressions de voyage.

Le dénouement ne se fit pas attendre, l'observateur s'approcha de moi très-poliment. J'avais l'honneur d'être connu de lui, et il ne songeait à m'aborder que pour m'offrir de me montrer l'intérieur du château. J'acceptai volontiers son offre et grâce à cet obligeant cicerone qui pouvait, sau une légère variante, s'appliquer le vers fameux

Nourri dans le *château*, j'en connais les détours.

Je visitai en détail les appartements seigneuriaux. Je m'arrêtai plus particulièrement dans la salle de réunions du conseil municipal, décorée de portraits des comtes et comtesses de Nangis, qui d leurs cadres dorés assistent impassibles aux délibérations des édiles communaux.

Sur les quatre heures, nous faisions une court halte en face du château de Chenoise, dont la vu me rappelait la singulière hospitalité que j'y avais reçue dans la nuit du 17 décembre.

Quelques minutes après, nous dépassions la ferme de Bois-Bourdin ; à travers le voile transparent du crépuscule qui commençait à descendre de l'horizon, on entrevoyait la majestueuse coupole de Saint-Quiriace et la pittoresque silhouette de la tour de César, sa compagne inséparable depuis tant de siècles.

Pour le Provinois, ce sont comme deux vieux amis, toujours les premiers à lui sourire et à lui souhaiter la bienvenue lorsqu'il revient au pays. Je les saluai avec une émotion que je ne cherchai pas à dissimuler.

Quant à mes compagnons de captivité, rien de changé dans leur attitude, l'un avait conservé son inaltérable sérénité, et l'autre sa verve exubérante.

Les voitures après avoir descendu rapidement la côte de la route de Paris, vinrent s'arrêter devant la mairie, où nos collègues réunis nous attendaient pour nous adresser leurs cordiales et chaleureuses félicitations.

Mais en même temps, nous apprenions que la présence à Provins de cinq prisonniers (1) amenés

---

(1) Ils furent enlevés de la prison dans la matinée du 20 janvier 1871, par l'intraitable colonel Seuber, qui emmena en même temps qu'eux à Coulommiers, le commissaire de

de Frétoy par les francs-tireurs de la Marne, faisait craindre de nouvelles et sérieuses complications. Nous ne rentrions que pour reprendre le collier de misère et continuer cette existence agitée et pleine d'angoisses qui nous était imposée par le prolongement d'une lutte aussi héroïque que désespérée.

Un de mes premiers soins, après avoir pris un bain purificateur, fut de faire l'emplette d'un sac muni d'avance des objets de toilette les plus indispensables, en prévision d'un nouvel enlèvement et d'un voyage plus ou moins prochain à Corbeil.... ou ailleurs.

Ici se termine le récit de cet épisode de l'invasion allemande à Provins. En livrant ces notes à la publicité, j'ai pensé qu'elles ne seraient peut-être pas sans intérêt pour mes compatriotes; j'ai pensé surtout que les futurs rédacteurs de la chronique locale, pourront y puiser quelques renseignements utiles sur un des faits les plus saillants de la triste et douloureuse période que notre ville a eu à traverser.

. . . .

. . . .

---

police Salel et le gardien chef de la maison d'arrêt Grain. Ces deux fonctionnaires restèrent enfermés dans la prison cellulaire de Coulommiers jusqu'au 24 février 1871, sans qu'on leur ait fait connaître le motif de leur détention.

Dans les premiers jours du mois de janvier 1871, le maire de Provins recevait la lettre suivante, dont voici la traduction littérale :

Corbeil, 29 décembre 1870.

Caisse de camp de guerre de l'inspection générale d'étapes de la 3e armée,

A la mairie de Provins,

« Nous adressons à la ville de Provins un billet « de 5 florins relativement aux 20,000 francs de « contribution de guerre versés par ses manda- « taires le 22 de ce mois courant, et prions la « mairie de faire parvenir le plus tôt possible les « 10 fr. 70 c. en échange du billet ci-inclus, re- « connu faux. Son Excellence Monsieur de Gotsch, « général-lieutenant de l'inspection générale d'é- « tapes a donné ordre d'avertir le maire qu'en cas « de refus *un citoyen de Provins serait arrêté* et « emmené comme otage. »

Communication de cette lettre fut donnée au maire de Coulommiers, pour provoquer de lui quelques explications. Il répondit que le billet incriminé n'avait pas été remis par ses administrés et qu'il regardait cette réclamation comme une mystification, inventée pour extorquer 10 fr. à la ville de Provins.

En effet, la méprise n'était pas possible, ainsi

qu'on en jugera par la description et la traduction suivantes : Qu'on se représente un petit carré de papier assez épais, de couleur jaunâtre, ayant au premier abord l'apparence très-superficielle d'un billet de banque allemand. Une vignette à la fois guerrière et bachique, encadre à la partie supérieure ces mots imprimés en caractères romains : *Papier fin pour les fumeurs de vanille.*

Au-dessous du chiffre 5, on lit en majuscules gothiques ressortant vigoureusement de l'ensemble, *fünf golden ;* ne pas confondre le second mot avec celui de *gulden* dont la signification est très-différente.

A la suite, viennent plusieurs phrases burlesques de souhaits de nouvelle année.

Enfin, à droite et à gauche, dans deux cartouches, se trouve cette inscription édifiante : Celui qui prendra comme bonne cette banck-note, mérite au moins 5-8 années de bannissement perpétuel en Sibérie ou à Mecklembourg.

Evidemment le général de Gotsch, qui savait l'allemand et n'était pas un sot, n'eût pas laissé passer le billet-prospectus sans protester immédiatement, lors de la vérification si minutieuse faite par lui le 22 décembre, en présence des mandataires Provinois.

Dans tous les cas, quelle que fût la provenance de la fausse *banck-note,* et en admettant la bonne foi de l'autorité prussienne, la menace qui accompagnait cette réclamation était aussi odieuse que ridicule.

En résumé, aucune suite ne fut donnée à cette pitoyable affaire ; la ville n'envoya pas les 10 f. 70 et conserva intact le nombre de *ses citoyens*.

Mais les documents qui précèdent resteront déposés dans les archives municipales comme spécimens curieux, l'un de l'aménité des formes épistolaires des allemands en campagne, et l'autre du bon goût et de l'atticisme de leurs plaisanteries humoristiques.

FIN.

E. Bourquelot.

PROVINS. — IMP. DE LEBEAU.

www.ingramcontent.com/pod-product-compliance
Ingram Content Group UK Ltd.
Pitfield, Milton Keynes, MK11 3LW, UK
UKHW022116190726
13855UKWH00003B/887